本书为北京市教育委员会科学研究计划项目（SM20
"可持续发展视角下北京共享单车平台产品运维策略

供应链视角下
产品质保服务外包策略

◎ 张译文　著

首都经济贸易大学出版社
Capital University of Economics and Business Press

·北京·

图书在版编目(CIP)数据

供应链视角下产品质保服务外包策略 / 张译文著. 北京：首都经济贸易大学出版社, 2025. 5. -- ISBN 978-7-5638-3875-2

Ⅰ. F273.2

中国国家版本馆CIP数据核字第2025RS3137号

供应链视角下产品质保服务外包策略
GONGYINGLIAN SHIJIAO XIA CHANPIN ZHIBAO FUWU WAIBAO CELÜE
张译文　著

责任编辑	成　奕
出版发行	首都经济贸易大学出版社
地　　址	北京市朝阳区红庙(邮编100026)
电　　话	(010)65976483　65065761　65071505(传真)
网　　址	https://sjmcb.cueb.edu.cn
经　　销	全国新华书店
照　　排	天津中图印刷科技有限公司
印　　刷	北京九州迅驰传媒文化有限公司
成品尺寸	170毫米×240毫米　1/16
字　　数	168千字
印　　张	10.25
版　　次	2025年5月第1版
印　　次	2025年5月第1次印刷
书　　号	ISBN 978-7-5638-3875-2
定　　价	55.00元

图书印装若有质量问题,本社负责调换
版权所有　侵权必究

前言

在当今竞争激烈且复杂多变的商业环境中,供应链管理对于企业的生存与发展起着举足轻重的作用。有效的供应链管理能够提升企业的运营效率,降低成本,并增强其在市场中的竞争力。而服务外包作为供应链管理中的关键环节,更是引起了众多企业的广泛关注。鉴于此,本书聚焦于制造商、零售商和第三方服务商构成的复杂供应链模型,深入研究制造商的服务商与服务外包合约选择问题,力求为企业实践提供有益的指导与借鉴。

首先,探讨了单渠道供应链下的质保服务策略问题,通过构建斯坦伯格博弈模型发现质保服务外包可以为供应链带来更多利润。考虑由制造商和零售商组成的供应链模型,制造商通过零售商销售两种质量不同的产品,并为消费者提供免费的质保服务。制造商可以选择自己为消费者提供质保服务,也可以选择将其中一种或两种产品的质保服务外包给零售商。通过分析比较上述4种服务模式下的定价与质保均衡策略,得出如下结论:将两个产品的服务均外包给零售商会同时为制造商和零售商带来最大收益,但是此时消费者的满意度并不一定能达到最优,因此企业可以选择其他策略以满足消费者。

其次,讨论了双渠道供应链下的质保服务外包策略问题,发现将质保服务外包给零售商或第三方都有可能为供应链成员带来更多收益。考虑到双渠道销售模式较为普遍,本书构建了制造商通过零售和直销渠道同时销售产品的供应链模型,比较分析了3种制造商质保服务外包策略,即均外包给零售商、均外包给第三方、分别外包给第三方和零售商。通过建立斯坦伯格博弈模型,讨论供应链成员的最优策略,得出如下结论:3种策略均可能为制造商带来最高利润,但是当市场规模较大时,将双渠道质保服务均外包给零售商会使制造商和零售商达到双赢局面,但是此时第三方没有收益。

最后,探讨了制造商和服务代理商之间的合约选择问题,得到制造商面对代理商欺诈行为时的最优检查策略,并筛选出影响合约选择的主要因素;构建了一个由风险中性的制造商和风险厌恶的服务代理商组成的供应链模型,制造商直接将产品销售到市场,并将质保服务外包给服务代理商;考虑了两种常见的质保服务外包合约:固定价格合同与成本加成合同。通过比较两种合同下的供应链成员的均衡决策与利润函数,得出如下结论:制造商对两种合同的选择与市场敏感程度有关,当消费者对质保服务较为重视时,成本加成合同会为其带来更多收益;反之,固定价格合同会更优。这一研究成果能够帮助制造商根据市场情况和自身风险偏好,选择最优的合约形式,以实现利润最大化。

上述内容丰富了质保管理的理论内容,揭示了不同供应链背景下成员的最优定价、服务决策。结论可以帮助企业管理者根据外部商业环境和自身情况制定最优的外包策略。

总体而言,本书的研究成果不仅丰富了质保管理的理论体系,还为企业的实际运营提供了具有可操作性的建议,具有较高的理论价值和实践意义。

然而,由于供应链管理领域复杂多变,涉及众多因素和不确定性,本书的研究难免存在一些局限和不足之处。在研究过程中,尽管我们尽力考虑了各种可能的情况和因素,但仍可能有某些方面未能涵盖。此外,模型的假设和简化在一定程度上与现实情况存在差异,这也可能影响研究结论的普适性。

尽管如此,我们仍真诚地希望本书能够为相关领域的研究者和从业者提供一些有益的启示和帮助。如果您在阅读过程中发现任何问题、错误或有宝贵的建议,恳请您不吝赐教,我们将怀着感恩之心虚心接受,并在后续的研究中不断改进和完善。再次感谢您的关注与支持!

目录

第1章 绪论 ………………………………………001
- 1.1 写作背景 ………………………………………003
- 1.2 研究问题 ………………………………………004
- 1.3 主要内容 ………………………………………006
- 1.4 本章小结 ………………………………………008

第2章 国内外研究现状综述 ……………………009
- 2.1 供应链视角下耐用品质保服务问题研究 ………011
- 2.2 供应链视角下耐用品价格决策问题研究 ………015
- 2.3 供应链视角下耐用品渠道选择问题研究 ………018
- 2.4 本章小结 ………………………………………020

第3章 单渠道供应链下的质保服务策略研究 ……021
- 3.1 引言 ……………………………………………023
- 3.2 问题描述 ………………………………………023
- 3.3 模型分析 ………………………………………027
- 3.4 不同质保服务策略比较 …………………………041
- 3.5 本章小结 ………………………………………065

第4章 双渠道供应链下的质保服务外包策略研究 ·············· 067
- 4.1 引言 ·············· 069
- 4.2 问题描述 ·············· 070
- 4.3 模型分析 ·············· 073
- 4.4 3种质保服务外包策略比较 ·············· 079
- 4.5 本章小结 ·············· 101

第5章 考虑欺诈行为的质保服务外包策略研究 ·············· 103
- 5.1 引言 ·············· 105
- 5.2 问题描述 ·············· 105
- 5.3 模型分析 ·············· 108
- 5.4 两种外包合同比较 ·············· 116
- 5.5 拓展分析:考虑质保时长的最优外包策略 ·············· 126
- 5.6 本章小结 ·············· 133

第6章 总结与展望 ·············· 135
- 6.1 主要研究结论 ·············· 137
- 6.2 未来的研究与展望 ·············· 139

参考文献 ·············· 141

第1章
绪论

1.1 写作背景

自20世纪80年代以来,伴随经济全球化进程的快速发展,欧美等发达国家为了享受发展中国家的低廉劳动力和丰富的资源,逐渐将制造业转移到海外,本国则大力发展虚拟经济,虽然短期内实现了经济提速,但是也为日后的发展埋下了隐患。2008年金融危机戳破虚拟经济泡沫,让实体经济的重要性得到了凸显。覆车之鉴让各国对实体经济的重视不断攀升。

我国作为全球制造业第一大国,制造业总量巨大,享有"世界工厂"的美誉,但是也存在着制造业大而不强的问题。大量的核心零部件、材料以及高端工业品的设计和制造存在质量参差不齐、可靠性不足等问题,严重影响我国制造产品的国际竞争力。面对此种情况,党的十九大报告提出"加快建设制造强国,加快发展先进制造业",明确指出制造业的高质量发展是我国提升综合实力,建设世界强国的必经之路。

耐用品作为制造业的重要组成部分,是推动经济高质量发展的基础之一。由于耐用品具有使用时间长、使用频率高等特点,售后服务质量就显得尤为重要。全国人民代表大会常务委员会颁布的《中华人民共和国产品质量法》明确规定了耐用品的产品质量担保(简称质保服务)政策,对电脑、家电、汽车等产品的销售、维修、更换、退货等责任进行了详细的划分。除了满足政策的要求外,很多企业也会自觉完善售后服务体系建设。如今同类产品功能、性能差异逐步缩小,同时消费者对服务的要求不断增加,传统的商品价格竞争已经不足以应对新的消费形势[1]。企业逐渐从单一的产品生产方向产品加服务支持者的角色转变,而质保服务凭借其自身能够为消费者提供保障和传递产品质量信号的双重作用[2-4],受到了业界广泛关注。在个人电脑领域,戴尔和苹果公司,通过为消费者提供高质量的售后服务建立了优秀的品牌形象[5]。对于家电行业,格力电器则推出6年免费保修政策,打破了中央空调最长不超过两年质保期的行业规则。海尔集团更是一直重视售后服务,在消费者中不断贯彻"海尔服务"的品牌效应。而在汽车行业中,由于产品质量关乎用户生命安全的特殊性质,消费者对产品质保更加重视,丰田在法定3年或6万公里的质保基础上,延长质保期至3年或10万公里,雷克萨斯则主动为车主提供4年或10万公里的质保条款,从而达到推销其产品的目的。

虽然优质的质保服务可以提升消费者对产品的购买信心,但是同时也会为企业带来巨大的保修成本压力。质保期内,如果产品出现了质量问题,制造商需要按照合同对失效的产品免费进行维修或更换,由此产生的质保成本是产品售后服务中最重要的成本支出。根据产品的不同,质保成本大概在销售价格的1%~5%浮动[6,7]。美国的制造业每年在质保理赔上的投入超过250亿美元,根据 Warranty Week 2016 年对质保成本占销售额比例的统计,通用汽车公司为2.6%,纳威司达为5.9%,苹果公司为3.1%,惠普公司为3.2%,福特公司为2.3%。尽管我国目前还没有类似的质保成本统计数据,但是制造业上市公司的财务报告也可以反映出质保成本的大致情况。上汽集团和中国中车在2019年的年报中披露用于售后维修服务的预计负债占营业收入的比例分别为1.69%和2.56%。由此可见企业的利润受质保成本影响显著,企业需要仔细思考如何设计产品质保策略,才能实现企业利润的最大化。

1.2　研究问题

产品质量保证过程包括前期的设计理赔方案、预估质保成本、与各方签订质保合约,中期的处理失效申诉、返回失效产品、协调经销商和服务中心,以及后期的回收处置旧品、搜集消费者反馈数据、改善产品质量等环节。这些环节构成了一个完整的质保链条,因此厂商在进行产品质保决策时,不仅需要考虑自身成本与利润,还需要考量经销商、服务中心、消费者等多方外在因素。

制定质保策略是一个复杂的过程,但是在我国,产品责任体系尚不健全,而针对产品质量保证的研究也略有欠缺。因此质量保证管理中仍存在诸多问题,具体表现在以下几个方面。

1.2.1　制定质保策略时考虑因素不全面

目前,我国耐用品市场对质保策略的设计较为简单,直接参照法律规定或是简单地对标竞争对手。还有部分厂商为了吸引消费者,会一味地延长质保期限,试图在质保服务上碾压对手,从而获取更大的市场份额。但事实证明,超长质保策略为企业带来的营销效果普遍较为有限,反而会大幅度提升企业的售后成本。

质保政策的制定需要同时考虑企业自身情况和外部商业环境。就企业内部而言,产品本身的质量、生产成本乃至企业的抗压能力均会对质保策略产生影响；而抛开厂商自身，外部的竞争环境、渠道构造、与下游经销商及服务运营商之间的关系，以及消费者对价格和质保服务的敏感程度，都会对质保策略设计产生影响。总而言之，质保策略并不独立存在，全面协调内外因素才能够更好地提升质保服务效率，从而为企业带来高额利润。

1.2.2 服务质量水平有待提高

法律体系的不断完善，消费者的自我保护意识逐步增强，使得市场愈发看重售后服务质量，而质保服务作为其重要的组成部分，自然成为现代企业争夺市场份额的主要手段。很多国际品牌通过良好的售后服务口碑捕获大批消费者，并且通过优质的质保服务增强客户黏性，相对而言，我国的耐用品企业对质保服务质量的重视程度远远不足。

以汽车行业为例，虽然中国逐步赶超日本、德国和美国，成为世界上汽车制造大国。但是不同于欧美发达国家汽车产业，将质保作为一项重大售后成本，中国汽车行业在质保上花费的金额相对较小。在 J. D. Power 发布的2019年中国售后服务满意度研究（CSI）中显示，虽然我国的自主品牌满意度较之前相比有所提高，但与欧美等国际品牌之间仍旧存在着显著差距，近三成的车主在预约售后服务时遇到了问题，并且预约成功后依然面临等待时间过长的情况。

2019年的《中国质量万里行年度消费诉求白皮书》显示，电子电器行业的售后服务问题依然突出，消费者投诉涵盖手机电脑等数码产品、洗衣机电视等大型家用电器，以及厨电和小型家用电器。之前投诉主要集中在产品质量问题，而现在越来越多的维权事件聚焦在售后服务方面。

通过上述案例可以发现，我国制造企业对售后服务的管理较为松散，并未真正意识到质保服务潜在的强大力量。尤其是在买方市场格局逐渐形成的当下，高质量售后服务已经成为消费者选择产品的重要依据，因此，提升产品的质保服务就成为了制造企业在激烈竞争中获胜的关键。

1.2.3 服务外包管理较为欠缺

通常来说，质保服务有两种途径，制造商自己提供质保服务或将其外包给有能力的服务代理商。由于前者需要建立庞大的售后服务体系，因此很多企业会选择外包服务，从而能够从巨额的固定成本中解脱开来，得以将资源专注于本身的核心业务。虽然外包会为企业带来很多优势,但是出于利益驱动,服务商可能会在服务理念上与制造商产生矛盾,甚至通过欺骗制造商来扩大自身收益。

一家澳大利亚的苹果产品销售商捏造了价值超过260万美元的虚假索赔,而其他知名企业如思科、惠普、捷豹等也深受保险欺诈的困扰。据数据统计,每年有3%～5%的质保申报中含有欺诈行为,损失金额高达上亿美元。

另一方面,服务商的售后服务质量是影响消费者满意度的关键因素,但是提升服务质量又需要投入大量成本,所以在激励服务商提供优质的服务的同时需要尽量压缩质保成本,以达到提升利润的目的。因此,完善质保服务外包管理体系的建设不仅能够减少财务损失,而且可以为公司带来正向收益,是一个亟需解决的问题。

1.2.4 服务渠道设计缺乏科学性

近年来,电子商务的迅猛发展改变了人们的购物模式,网络消费用户日益增加。面对此种情况,很多企业都开发了新的销售渠道以迎合消费形态的改变。比如苹果、戴尔、飞利浦、格力、海尔等知名企业,在传统线下销售的同时,也致力于打造线上销售渠道,从而吸引更多消费者以提升产品销量。另外,随着经济发展,产品之间的竞争也日益激烈,为扩大产品市场占有率,大多数企业会同时生产多种类型的产品以满足不同要求的消费者。例如苹果公司,在原有机型销售的同时,推出廉价机型,以期达到扩大市场规模的目的。

面对复杂的销售情况,企业对售后服务的渠道管理则略显粗犷,很多厂商直接将售后服务打包交由统一服务中心提供售后服务,没有考虑到可能会加剧供应链内部竞争的问题,从而引发渠道冲突。根据产品和销售渠道自身特性,进行定制化的质保服务渠道设计可以一定程度上缓解内部矛盾,并且使得售后服务能够更有效率地提升消费者满意度。

1.3 主要内容

1 绪论。该章首先阐述本书的研究背景,分析我国制造业的行业现状,明确售后服务质量对企业利润的显著影响。其次,结合企业调研和数据分析,指出我国制造企业普遍存在的质保服务管理问题。

2 国内外研究现状综述。通过浏览梳理大量国内外知名期刊、书籍等文献资料,该章回顾总结了三类与本书密切相关的研究内容:供应链视角下耐用品质保服务问题研究、供应链视角下耐用品价格决策问题研究、供应链视角下耐用品渠道选择问题研究。通过对上述研究成果进行归纳整理,提出目前研究内容的不足,引出本书研究的不同之处。

3 单渠道供应链下的质保服务策略研究。为了吸引不同需求的消费者,很多企业会同时生产不同质量的产品。该章考虑了异质产品制造商通过单一零售商同时出售两种耐用品。由于耐用品市场的特殊性,购买产品的消费者可以享受免费的质保服务,服务水平的高低会直接影响消费者的购物体验,是决定产品销量的关键因素。制造商可以选择自己为消费者提供质保服务,也可以选择将其中一种或两种产品的质保服务外包给零售商。通过分析比较上述4种服务模式下定价策略、质保服务策略、制造商和零售商的利润以及消费者的效用函数变化,得到最优策略,为企业管理者提供切实可行的管理建议。

4 双渠道供应链下的质保服务外包策略研究。考虑到现在电商平台日益成熟,制造商除了通过传统的零售商进行线下平台的销售外,还会同时建立线上品牌进行产品直销,该章研究了一个由制造商、零售商和第三方组成的三级供应链模型,需求函数由产品价格和质保服务水平决定。为了避免建立庞大的售后服务体系,制造商选择的外包服务策略主要有:将双渠道的产品质保服务均外包给零售商、均外包给第三方服务商、将线上线下渠道分别外包给第三方和零售商进行服务。该章比较分析了3种外包策略下的不同均衡解,并探讨了消费者的渠道偏好对最优策略的影响。

5 考虑欺诈行为的质保服务外包策略研究。制造商将质保服务外包给服务代理商时,需要与服务商签订质保服务外包合约。该章提出了两种常见的支付合约:固定价格合同和成本加成合同。考虑到服务外包后制造商对服务质量的把控力度降低,服务代理商可能会采取质保欺诈等手段为自己谋利,根据外包合同支付方式的不同,具体表现为劣质服务或过度服务。服务质量会直接影响到制造商的产品销量,因此制造商需要慎重选择服务外包合同,以平衡质保成本与其所能带来的销量增长。另外,该章还考虑了服务质量对产品失效率的影响,以及质保时长对产品销量的正向作用。

6 总结与展望。该章总结梳理本书的研究内容和主要结论,提出质保服务管理建议,同时指出研究存在的局限性和不足,并对未来可以深入研究的方向进行了展望。

1.4　本章小结

本章首先分析了我国的制造业现状,明确质保服务对制造业的显著影响;其次分析了我国制造业面临的实际问题,阐明了本书的研究内容。

第2章
国内外研究现状综述

本书从供应链视角出发,考虑耐用品的质保服务外包策略,涉及耐用品的质保服务问题、耐用品的价格决策问题以及耐用品的渠道选择问题,本章将从这3个方面对现有国内外文献进行总结。

2.1 供应链视角下耐用品质保服务问题研究

2.1.1 质保自运营问题研究

质保服务是制造商为消费者提供的一种产品担保服务,在质保期内,如果产品失效可以进行免费的维修或更换。大量文献对质保服务进行了深入的分析,部分文献聚焦于质保成本分析[18-22]和可靠性设计[23-27],而本节则重点探讨供应链下的质保服务设计。具体可分为非竞争环境下和竞争环境下的质保策略分析。

2.1.1.1 非竞争环境下的质保策略分析

很多研究表明只要正确地制定服务政策,即使没有竞争对手,企业也可以通过质保服务获利[28-30]。非竞争环境下的质保策略分析主要集中在两个方面:一部分学者结合产品质量、绿色努力水平、信息分享等因素,深入探讨供应链中的基础质保服务策略;而另一部分学者则将目光转向延保服务,分析两种质保服务的联合优化和它们之间的相互影响。

假设产品需求与价格、质保时长相关,严帅等[31]研究了一个由单个制造商和零售商组成的二层供应链,讨论供应链成员的最优质保策略,并提出了一种收益共享和质保成本共摊的契约来协调供应链。除价格和质保服务外,质量也是消费者选购产品时的重要考量因素。同样以二层供应链为背景,Modak等[32]加入了质量对需求的影响,通过优化利润函数得到最优定价、质保服务以及质量决策。Pal等[33]则将质量问题细化到生产过程随机扰动导致的残次品问题,他们假设制造商自己消化残次品,将优质产品捆绑质保服务通过零售商销售给消费者,为降低批发价格,零售商会与制造商分摊质保服务成本,并比较了不同权力结构下供应链成员的质保、质量等决策变化。除了上述单期策略外,消费者对产品的质量感知会随着使用感受的变化而变化,如果过早发生产品失效,就会影响消费者的下次购买意愿。Li等[10]针对这个问题,建立了一个两阶段模型,探讨消费者质量感知对购买决策的影响。另外,由于目前消费者的环保意识日益增加,绿色努力水平也会激励消费者购买产品。Giri等[34]比较了加入绿色努力水平前后的质保时长变化,发现集中供应链下提供额外的绿色努力会为成员带来最大利润。除了绿色努力外,制造商还会生产再制造产品以满足消费者的环保需求,同时也可以降低成本,但是不同于新产品,再制造产品更需要质保服务来消除消费者对产品质量的不信任。Yazdian等[35]通过提升虚拟年龄建立质量升级模型,联合优化了再制造产品的再制造程度、价格以及质保策略。不同于上述对称信息,供应链中零售商更接近市场端,所以能更加准确地预测需求信息,Cai等[36]发现当质保服务的成本相对较高时,零售商更青睐与制造商分享需求预测以激励制造商提供更适合的质保服务。

在制造商提供基础质保的情况下,零售商或服务代理商可以为消费者提供延保服务以获取更多利润。由于延保服务的出现,会对制造商本身的基础质保决策产生影响,Kurata和Nam[8]比较了5种不同的决策模型,分析基础质保服务和延保服务的相互作用,并指出为供应链带来最多利润的质保策略并不能同时为消费者带来最优质的质保服务。但是Kurata和Nam[9]发现不确定需求会缓解两者之间的矛盾。产品质量对消费者而言并不是完全透明的,当消费者可以感知产品质量信息时,Jiang和Zhang[37]发现服务商的延保策略对制造商的基础质保策略有抑制作用,只有当制造商的服务成本绝对低时,制造商才有可能提供基础质保服务。但是当消费者无法感知产品质量时,高质量的制造商则更倾向于通过提供基础质保来揭示自己的产品质量。Esmaeili等[38]提出了一个三层质保服务合同,同时考虑制造商、服务商以及消费者3个博弈对象,比较了制造商和服务商在质保服务中的不同合作模式。最终使得维修成本最小化的同时,消费者也可以通过购买质保服务而增加收益,达到企业和消费者的双赢局面。除了传统的延保服务,Bian等[39]提出了一种新的以旧换新的延保服务模式,结果表明前者的延保价格一定比后者要高,并且不同于传统延保,其价格与产品质量呈正相关性,即延保服务的价格会随着产品失效率的增加而降低。

2.1.1.2 竞争环境下的质保策略分析

优质的质保服务可以提升产品销量,帮助企业建立良好的品牌形象。因此,现在越来越多的制造商通过提供质保服务吸引消费者,而不仅仅局限于传统的价格竞争[1,40]。Cao和He[41]探讨了两个制造商通过同一零售商售卖不同质量的产品,考虑价格和质保时长等竞争因素,研究了3种不同权力结构下的最优质保服务和定价策略,发现高质量产品的制造商、零售商以及整个供应链的利润都会随着消费者对质保服务的重视程度的增加而增加。Wu[42]研究了两个制造商在不同的竞争环境下(价格竞争、质保服务竞争、价格和质保服务同时竞争)的最优策略,发现适当的价格竞争反而有利于制造商提升利润。品牌和质保信息被视为两个揭示产品质量的主要信号,Lou等[43]通过博弈分析发现知名品牌的制造商反而可能会为消费者提供更短的质保周期。Taleizadeh等[44]提出了一个由两个制造商和一个平行进货商组成的供应链,结果表明制造商可以通过提供质保服务来抵抗平行进货商的入侵。不同于新产品,再制造产品因为自身属性,在质量、产量等方面有更大的不确定性,所以制造商需要通过质保服务确保消费者权益,增强消费者对产品的信心。Liao等[45]分析了一个由新产品生产商、再制造产品生产商以及零售商构成的二级供应链,比较了3种质保策略对供应链成员利润的影响。结果表明,质保服务可以激励消费者接受更高的零售价格,进而提升企业收入。但是在考虑消费者风险厌恶的情况下,Liao[46]发现零售商需要降低再制造产品零售价格才能维持收益。

除了上游制造商的质保竞争外,下游服务商也可以为产品增加质保服务,以达到争夺消费者的目的。Chen等[47]研究了一个由制造商和两个零售商构成的二层供应链模型,零售商拥有不同的销售成本并且通过质保时长进行竞争,比较分析了制造商定价策略对零售商质保服务的影响。风险规避系数是零售商的私人信息,Cai等[48]分析了两个通过质保时长和价格竞争的零售商的信息分享问题,发现信息披露不会影响零售商的质保决策。Sarmah等[49]假设失效率服从威布尔分布,探讨了两个零售商分别通过价格、质保时长、价格和质保时长进行竞争,结果表明协调供应链可以使得总利润增加,但是同时也会使得消费者效用受损。质保服务不是只能由供应链其中一方提供,制造商和零售商可能同时提供售后服务来提升消费者购买意愿,以达到增加销量的目的。Bian等[50]针对零售商是否为消费者提供延保服务,建立了零售商竞争模型,发现如果两个零售商均提供质保服务,那么制造商则会取消基础质保。由于线上提供售后服务并不方便,因此部分线上的零售商会委托线下服务商进行质保服务。毛照昉等[51]提出了线上线下两个竞争的零售商的新型合作模式,通过两部定价的合作机制进行利润分配,达到共赢的目的。供应链中不仅存在平行竞争,纵向竞争也十分常见。Dan等[52]研究了一个二层供应链,制造商通过零售商和自营渠道销售产品,制造商为产品提供质保服务的同时,两个渠道通过为消费者提供免费增值服务进行竞争,结果表明如果制造商提升质保服务水平,两个渠道下的增值服务竞争强度就会被弱化,直到一方停止提供服务。Tsao和Su[53]则讨论了制造商通过线上渠道与零售商的线下渠道进行质保与价格竞争的情况，并且提出了利润分析机制以协调供应链。

与本书内容最相关的研究包括严帅[31]、Kurata和Nam[8,9]、Wu[42]、Chen等[47]、Cai等[36]、Bian等[50]、Tsao和Su等[53]。上述文献主要聚焦在非竞争环境或上下游分别竞争的质保服务策略设计等问题。不同于这些工作，本书不仅分析了异质产品在同一个销售渠道下的质保策略，并且考虑上下游同时通过质保服务争夺消费者的纵向竞争问题。另外，本书对制造商与质保服务代理商之间的关系进行了讨论，考虑了服务代理商可能存在的欺诈行为，以及制造商的应对策略，为企业提出切实可行的管理建议。

2.1.2　质保外包问题研究

随着服务供应链的发展与壮大，越来越多的服务商在市场中涌现。由于服务商的专业程度较高，因此很多企业都会选择将服务权力下放，与服务代理商合作以达到共赢的目的。

目前，服务外包已被各个行业所接纳，如物流外包[54-59]、电子信息业务外包[60-63]、客服中心外包[64-67]等。而质保服务更是因为需要庞大的售后服务体系支撑，所以很多耐用品制造商都会选择外包质保服务，以降低固定资产投入。但是目前针对质保服务的研究较少，并且大多集中在路线优化问题上[13-16]，即如何将失效产品有效地运输到各个站点进行维修，而以供应链为背景，深入探讨成员之间关系的研究仍然较少。Bian等[12]发现，制造商通过质保服务外包可以促使零售商降低零售价格、提升服务水平，并且通过比较种3常见的权力结构，发现在零售商和制造商的权力地位不对等时，外包可以帮助双方获得更高的利润。在竞争市场中，零售商会自己为产品提供质保服务以增加销量，Li等[17]研究了零销商的质保服务决策问题，即是选择建立售后服务基站以固定的价格进行后续服务，还是接受波动的服务价格将售后服务外包给第三方。研究结果表明，外包服务可以激励零售商制定高水平服务，降低制造商的批发价格，从而实现更高的销量。线上零售商有时无法直接为消费者提供售后服务，陈高远和郭燕翔[11]提出了一种横向合作模式，线上零售商将售后服务直接外包给与之竞争的线下零售商，发现服务合作可以有效地提升供应链效率，增加成员收益。

通过上述文献的梳理可以发现，尽管服务外包在物流、客服中心、电子信息技术等行业得到了学者们的大量关注，但是针对质保服务领域的外包研究还是十分有限。不同于其他服务，除了单纯的人力、店面租金等服务成本外，质保服务还涉及维修所需的零部件、材料运输等多种成本，复杂的成本核算为制造商的管理带来了困难，同时为服务代理商采取一些不正当的欺诈手段带来了便利。但是目前，相关方向的研究仍然较少。Murthy[68]总结了质保服务方向的研究，并指出质保服务外包这一研究领域的空白。Kurvinen等[69]则总结了质保服务外包中可能发生的欺诈行为，并针对性地给出管理制度方面的建议。本书不同于上述文献，从模型的角度出发，通过优化供应链成员的利润函数，深入探讨单、双渠道的质保服务商选择问题的同时，讨论了制造商与服务商之间可能存在的对立关系，并指导制造商制定合理的检查策略，以平衡服务成本与服务质量的关系。

2.2 供应链视角下耐用品价格决策问题研究

定价是一种重要的商业决策，合理的产品价格可以在吸引消费者的同时为企业带来可观的利润，因此如何制定价格对企业尤为重要。本书主要聚焦于单、双渠道销售模式下的耐用品价格策略研究，因此将从以上两方面进行文献梳理。

2.2.1 单渠道销售模式下的耐用品价格决策问题研究

传统单渠道供应链的定价问题主要研究单一产品在同一销售渠道下的批发价格和零售价格策略，该部分的研究已经比较充分[70-75]。而现实情况中，多种产品在同一渠道或不同渠道销售而导致的竞争现象普遍存在。例如制造商为了吸引不同消费群体，扩大市场份额，往往会同时生产不同规格、质量的产品；零售商为了避免对某一厂商过度依赖，而同时选择不同制造商的产品进行销售；或销售渠道完全不同的产品因为彼此具有可替代性，也会产生竞争。因此，异质产品供应链的定价策略更为繁杂，已成为国内外学者广泛关注的热点问题。

早期，Cournot[76]、Bertrand[77]、Hotelling[78]分别展示了三种运营领域中经典的价格竞争模型（古诺模型、伯特兰模型和豪泰林模型），为竞争产品的定价策略研究奠定了理论基础。自此以后，很多学者在此基础上研究了不同市场结构下的定价问题[79-82]。聚焦在耐用品市场，Lu[83]探讨了一个由零售商和两个竞争的制造商组成的双层供应链模型，零售商同时从两个制造商进货并销售给同一批消费者。通过比较3种不同的权力结构下的定价策略和利润函数，发现当制造商在渠道中有相对权威时,消费者可以享受到最低的零售价格。Fang[84]提出了一个理性的非合作博弈模型,考虑双寡头垄断市场,两个制造商需要支付专利使用费用以获得关键技术和零部件的使用权,结果发现,一旦达到市场均衡,没有一个制造商能够通过提高价格或延长质保期来增加利润。张琪和高杰[85]则提出新进制造商可以通过制定合理的价格和质保期向消费者传达质量信息,进而实现从在位者制造商处抢夺市场份额的目的。随着环保意识的增加,再制造也成为了焦点问题,Ferrer和Swaminathan[86,87]讨论了不同阶段下新产品与再制造产品厂商对两种不同产品的定价模型,并比较产品为供应链成员带来的利润差异。除了上述针对两个制造商的产品定价研究外,Giri等[88]讨论了一个零售商面对多个可替代产品制造商的定价、质量决策,通过比较两种不同的定价方式,发现消费者效用和供应链成员利润均会受到定价方式的影响。

由于耐用品单价较高、使用时间较长,因此消费者在选购产品时更加谨慎,会考虑到产品的价格、性能、质量等诸多因素。为满足消费者的不同需求,汽车、家电、个人电脑等耐用品制造商会生产不同类型、档次的产品以扩大市场份额,此时如何制定批发和零售价格以缓解产品间的竞争压力就显得尤为重要。Villas-Boas和Miguel[89]建立了一个由单一制造商通过零售商销售不同类型产品的供应链模型,依据消费者效用划分市场,发现增大产品之间的异质性可以扩大定价范围、赢得更多的消费者,从而提升利润。Kolay[90]则在此基础上加入了增值服务决策变量,比较了不同类型消费者对产品价格和服务质量的要求。异质产品供应链成员是否存在合作关系也会对定价和质量决策产生影响,Hua等[91]的研究结果表明利润分享合约可以高效地协调供应链。另外,针对不同质量的产品,制造商可能会采用通用设计,而这会影响消费者的质量感知,导致异质产品价格差异缩小[92]。Xiao和Xu[93]则发现企业的风险系数也会对异质产品的定价产生影响。

两条结构相同的供应链之间也会因为产品拥有可替代性产生竞争,进而影响彼此的产品定价策略。马建华等[94]构建了一个由两个制造商和两个零售商组成的链与链竞争模型,考虑制造商直接为产品提供延保服务,比较分析了两种纵向渠道结构,给出供应链成员定价与质保服务最优决策,并针对渠道结构选择提出了理论建议。在此基础上,马建华等[95]还将研究延伸到零售商提供延保服务的问题,并比较了批发价格和销售回扣两种定价合约,发现一定参数条件下,销售回扣合同会使得供应链成员实现利润的帕累托改进。Ha和Tong[96]建立了一个两阶段的古诺竞争模型,研究两条互相竞争的供应链中的产品定价策略,并且分析了合同类型对信息分享决策的影响。

2.2.2 双渠道销售模式下的耐用品价格决策问题研究

随着电子商务的发展,厂商的销售渠道不断扩张,制造商通过不同渠道销售可以更好地掌控市场。但同时,双渠道的销售也会带来激烈的价格竞争,因此如何制定双渠道的销售价格就成为焦点问题。通常,双渠道销售可以分为制造商同时通过两个零售商进行销售[97-102]、制造商通过线下零售商和线上直销渠道进行销售[103-105]等不同情况。

由于地理等因素限制,耐用品制造商会通过两个零售商同时销售产品,增加销售量的同时也避免了可能出现的供应链中断情况。这方面的研究较为成熟。Xiao和Qi[106]研究了一个由制造商和两个竞争零售商组成的供应链模型,考虑制造商生产成本扰动现象,分析比较了两种协调定价机制,结果发现制造商可以通过降低批发价格诱导零售商订购更多产品。郑晨等[107]比较分析了零售商竞争程度和市场对延保服务参数的敏感性等因素在不同供应链结构下对成员最优决策的影响,发现随着市场对延保时长敏感性的增加,两个零售商的最优零售价格都会有所提升。考虑零售商的品牌效应,Lou等[108]提出零售商之间的竞争会促使制造商提高批发价格,而产品的可替代性则不会影响产品的零售价格与质保策略。结合产品的绿色质量与质保服务,Hosseini-Motlagh等[109]给出零售商在不同竞争环境下的最优决策,并且提出了一种基于多边补偿的批发价格合同,发现可以很好地协调供应链。

随着互联网的发展,消费者的消费习惯也逐渐改变,线上购物的便捷性使得网购成为一种趋势。但是,线下购物的及时性仍然受到传统消费者的青睐,因此包括戴尔、苹果、索尼、联想、海尔等多家耐用品制造商在保留传统线下消费渠道的同时,会建立线上直销渠道,以扩大销量[110-111]。由于直销渠道的加入,使得渠道结构发生改变,供应链成员权力地位的变化成了影响定价策略的关键因素。Yao和Liu[112]比较了制造商作为斯坦伯格领导者与零售商同时进行价格决策的两种情况。Ding等[113]讨论了制造商的不同权力等级对供应链定价策略的影响,发现统一批发价格和统一零售价格这两种常见的定价策略并不一定会对制造商有利。制造商和零售商可以通过为各自销售渠道提供增值服务抢占市场份额,但是Dumrongsiri等[114]却发现零售商的优质服务反倒会为制造商带来更多利润,另外他们还考虑了需求的不确定性,发现随机需求会导致双渠道的产品价格降低。虽然线上线下销售可能会为供应链带来优势[115],但不可否认,渠道冲突问题依旧严峻。Boyaci[116]发现双渠道供应链无法通过简单的合约实现协调,因此提出了一种两部分赔偿委托合同,认为可以更好地协调供应链。但是不同于Boyaci[116],Cai[117]通过假设需求与价格线性相关,发现简单的利润分摊合同足够协调双渠道供应链。由于耐用品质量较为稳定,产品废弃后,仍有部分零件可以进行回收再利用,闻卉等[118]在双渠道闭环供应链背景下,比较了3种不同的权力结构模型,得到供应链成员的最优定价策略,并在此基础上设计了两种定价机制以实现供应链的协调。徐兵和吴明[119]提出双渠道闭环供应链待转移支付的批发价格合同可以帮助供应链成员实现产销双方的共盈局面。彭静等[120]构造了一个双周期双渠道耐用品销售模型,通过优化每个周期的利润函数,得到最优定价策略。另外,制造商和零售商的互惠偏好行为也会导致最后定价和利润上的差异[121]。

通过梳理上述文献可以发现,对于单纯的产品定价问题的研究已经比较充分,近年来研究的重点逐渐转向多因素联合定价,包括产品质量、服务质量、绿色行为等。与本书内容最相关的研究包括Villas-Boas[89]、Kolay[90]、Wong[92]、Xiao和Xu[93]、Yao和Liu[112]、Domrongsiri等[114]、Cai[117]等。本书在上述文献的基础上,从一个新的角度进行了探讨:质保服务外包的定价研究。本书不仅分析了不同质保服务外包策略下的最优定价问题,而且通过对这些策略的比较,得到了不同策略的定价特点。此外,本书还研究了其他因素如何影响企业定价,如渠道偏好和质保成本等。

2.3　供应链视角下耐用品渠道选择问题研究

随着消费市场的发展,耐用品制造商在供应链渠道建设方面有了更多的选择。目前对于供应链渠道选择的研究,主要分为销售渠道和服务渠道两个方面。在销售渠道建设上,不同于以往只能通过传统零售渠道进行销售,目前耐用品制造商可以通过建立线上销售渠道直接销售产品,很多研究的结果表明新渠道的开设有利于厂商增加收入[122-125]、提升供应链效率[126,127]。本书则聚焦在服务渠道建设方面,考虑到供应链成员的联系日益密切,服务不再被其中一方垄断,供应链上下游的企业甚至独立的第三方都有能力为消费者提供服务,如何选择服务代理商就成为企业亟需考虑的问题。

在传统供应链研究中,服务大多由零售商[97,128,129]或制造商[83,130,131]提供。但是现在企业之间的密切合作关系打破了传统的服务壁垒,服务提供商的选择变得更加多元化。以耐用品为背景,许明辉等[132]讨论了单渠道供应链环境下,制造商和零售商都可以通过提供服务来促进需求的情况,分析比较了不同权力结构和不同服务商对最优决策以及供应链成员利润的影响。加入第三方回收渠道,Hong等[133]的研究结论表明制造商比零售商更适合为消费者提供增值服务。考虑线上线下双渠道销售,Taleizadeh等[134]发现消费者对线上销售渠道的接受度较高时,制造商提供服务会更有利于增加自身利润。考虑制造商的议价能力,Dan等[52]分析了制造商的质保服务对增值服务提供商(制造商或零售商)决策的影响。除了原有供应链成员外,企业也会选择服务外包来减轻资产,Li等[5]讨论了集中和分散供应链下的不同服务结构:制造商提供服务、零售商提供服务、制造商或零售商将服务外包给第三方服务代理商。研究结果表明,当不同渠道的服务成本相同时,制造商和零售商都希望能完全掌控服务决策权,或由自己雇佣的第三方进行服务。但当不同服务渠道的成本存在差异时,上述矛盾被减弱,供应链成员会在特定参数条件下达成一致。

上述文献将服务统一定义为增值服务,但实际上,在不同的服务细分领域里,服务渠道的选择会因为各个领域的服务特点而有所不同。对于耐用品市场来说,质保服务和产品质量是两个重要且相互关联的决策因素,Dai等[135]探讨了这两种因素对质保服务提供商选择的影响以及它们之间的相互作用。Li等[136]和He等[137]分别在单渠道和双渠道供应链结构下探讨了制造商和零售商谁更适合提供延保服务的问题,不同于基础质保,延保服务不再是强制性捆绑产品,消费者可以自行选择是否购买。结果表明即使可以额外设定延保服务价格,制造商和零售商也可能会将延保服务的售卖权推给对方。耐用品加工过程复杂,零部件繁多,产品失效后,仍有回收利用的价值,很多企业出于节约成本和环境保护的目的,会建立回收服务渠道进行耐用品的收集工作,因此回收服务渠道的建设也成为很多学者关注的重点问题。Savaskan等[138]考虑了3种回收模式:制造商回收、零售商回收以及第三方回收。他们发现,零售商更接近末端市场,所以是最有效率的回收者。Taleizadeh等[139]将上述问题扩展到模糊领域,依旧得到类似结论。考虑到第三方物流服务商的重要性，公彦德和吴庆春[140]构建了以物流商为博弈主导的供应链模型，并且发现此种情况下，制造商和零售商提供回收服务都会为供应链带来更大利润。现实中，供应链成员之间的竞争十分常见。Savaskan等[141]研究了一个由两个互相竞争的零售商构成的供应链，探讨了制造商的回收渠道选择与产品的定价决策问题。针对第二阶段出现的上游竞争者，黄永和达庆利[142]通过均衡比较分析了4种回收模式。Wang等[143]探讨了面对已经存在一个再制造商的情况下，新产品制造商是否有必要建立一个新的回收渠道与之竞争，以及是否需要将回收服务外包给零售商。Han等[144,145]和Wang等[146]则分别分析了供应链中断与监管条件对回收服务商选择的影响。

上述文献大多集中在增值服务商与回收服务商选择问题上，对于质保服务的渠道建设的研究较为有限。本书则聚焦在质保服务这一细分领域，考虑如成本多样化、受质量影响明显等独有的服务特点，分别针对单渠道与双渠道两种典型销售模式给出代理商选择意见。另外，区别于上述文献的单一服务代理商，本书提出了制造商可以同时将不同质量、不同渠道产品的质保服务外包给不同的代理商，以规避服务歧视的可能，也为制造商提供了另外一种质保服务思路。

2.4 本章小结

本章在大量阅读国内外相关文献的基础上，对涉及耐用品的质保服务问题研究、价格策略问题研究以及渠道选择问题研究3个方面文章、论述的国内外知名期刊、书籍进行了梳理和总结，分析了现有研究的局限性，并指出本书的研究与以往研究的不同之处。

第3章
单渠道供应链下的质保服务策略研究

3.1 引言

前两章对研究背景与现有文献的梳理和回顾明确了质保服务对企业的重要性。面对竞争日益激烈的商业环境,很多厂商不再依赖传统的价格竞争,而是通过提升质保服务水平来增加自身的竞争力[1]。例如,电子科技行业的知名企业戴尔和苹果公司通过提供高质量的售后服务树立了良好的企业形象,巩固原有消费者的同时不断吸引新的消费群体,从而扩大市场份额[5]。虽然提升质保服务会促进销量增加,但是也会带来巨大成本,因此企业需要平衡收益和成本之间的关系。著名的汽车制造商特斯拉2022年的质保准备金约为12亿美元。根据企业所在行业的不同,质保成本在产品销售价格的1%~5%波动[6-7],是影响企业利润的重要因素。

通常来说,企业的售后服务包括自运营和外包两种途径。前者需要支出大量维修成本,但是可以直接掌控质保服务质量,通过联合制定批发价格和服务水平,制造商可以在供应链中获得更高的地位;而外包售后服务虽然丧失了对服务的把控能力,但是制造商可以通过降低批发价格激励零售商主动承担售后成本,进而减少售后服务带来的利润损失。根据自身实际需要,企业会选择不同的售后策略,如戴尔公司选择直接为消费者提供售后服务支持,而格力公司则选择将质保服务外包给国美、苏宁等下游零售商。

现实生活中,制造商会生产不同质量的产品以满足不同需求的消费者。如国内知名手机厂商小米,在生产旗舰机型的同时,也会销售性价比机型的红米系列,在获取高质量的消费者的同时,也不放弃向低端市场扩张,多类型产品的销售为企业带来了更广阔的市场空间。因此本章考虑制造商通过零售商销售两种异质产品,探讨此类单渠道供应链背景下,制造商如何为两种产品选择质保服务商,从而为自身与供应链带来更多的利润。另外,不同于以往质保服务的研究,本章加入了对消费者效用的讨论。企业对质保服务的投入越多,消费者感知到的服务水平可能就会越高,进而在一定程度上增加消费者效用,间接促进产品销量。

3.2 问题描述

考虑一个由制造商和零售商组成的二级供应链。制造商同时生产两种不同质量的耐用产品,并将产品以一定的批发价格 $w_i(i=h,l)$ 销售给零售商。零售商再将两种产品以一定的零售价格 $p_i(i=h,l)$ 销售给消费者,其中脚标 h 和 l 分别代表高质量和低质量产品。考虑到耐用品市场的特殊性,每位购买产品的消费者都可以享受到免费的质保服务。本章将研究4种质保服务模型,制造商可以选择自己为消费者提供质保服务,也可以选择将其中一种或两种产品的质保服务外包给零售商,无论是制造商还是零售商,都享有对应产品的质保服务决策权 $s_i(i=h,l)$,但与此同时也需要承担相应的质保成本。

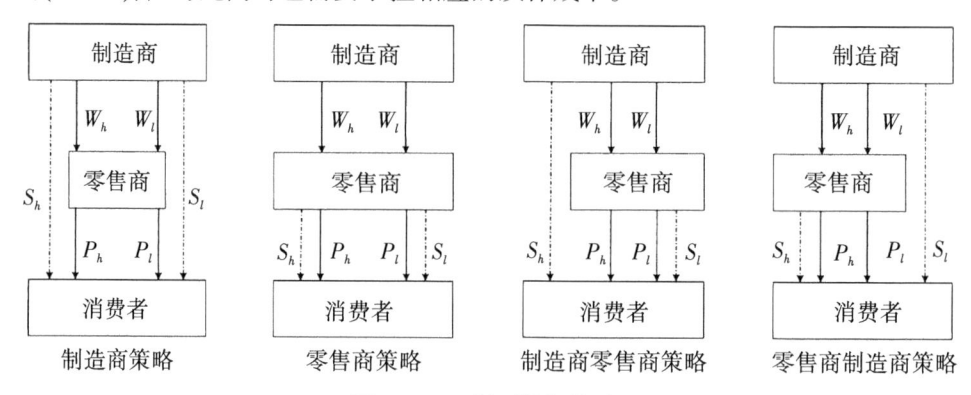

图 3-1　质保服务策略

图3-1展示了4种质保服务模型,以及供应链成员的决策变量。

(1)制造商策略(策略 M):制造商直接为两种产品提供质保服务。

(2)零售商策略(策略 R):制造商将两种产品的质保服务均外包给零售商。

(3)制造商零售商策略(策略 MR):制造商为高质量产品提供质保服务,并将低质量产品的质保服务外包给零售商。

(4)零售商制造商策略(策略 RM):制造商将高质量产品的质保服务外包给零售商,并直接为低质量产品提供质保服务。

3.2.1　成本函数

制造商分别以 c_h、c_l 的单位成本生产高质量和低质量的产品,考虑到低质量产品对原料和加工过程的要求较低,因此本章假设低质量产品的生产成本较为低廉,即 $c_l < c_h$。

除生产成本外,在服务商为消费者提供质保服务过程中,也会产生相应的质保成本。而质保成本的大小取决于服务水平的高低,服务商提供的服务水平越高,其所需承担的成本越大。考虑到成本函数的边际递增效应,本章假设服务成本是关于服务水平的二次凸增函数 $k_i s_i^2 (i=h,l)$,其中 k_i 为两种产品的质保服务成本系数。因为两种产品在前期生产过程中的投入不同,所以它们的失效率也会有所偏差,高质量产品会更为稳健,因此假设高质量产品的质保成本系数较低 $(k_h < k_l)$。

3.2.2 需求函数

本章使用 $D_i (i=h,l)$ 代表两种产品的需求函数。受 Ingene 和 Parry[147]启发,本章通过消费者的效用函数推导需求,此类方法在运营管理领域得到了广泛的应用[117,148-151]。消费者的效用函数如下。

$$U = a_h D_h + a_l D_l - \frac{D_h^2}{2} - \frac{D_l^2}{2} - \theta D_h D_l + \gamma s_h D_h + \gamma s_l D_l - p_h D_h - p_l D_l \quad (3-1)$$

其中 $a_i (i=h,l)$ 分别代表高、低质量产品的基础市场份额;γ 代表质保服务水平对效用函数的影响系数;$\theta (0 \leq \theta < 1)$ 代表两种产品的可替代性,$\theta = 0$ 时,两种产品没有相关性且各自独立,随着参数 θ 的增加,两种产品的可替代性也逐步加强,当 θ 趋于 1 时,两种产品变为完全替代品。

式 3-1 显示消费者的效用函数与产品销售价格和质保服务水平线性相关,具体来说,产品销售价格的降低与质保服务水平的增加都会提升消费者的效用。此外,还可以观察到消费者效应函数随着两种产品的可替代性 θ 的增长而降低,但随着服务水平敏感系数 γ 的增加而增加。在大量的文献中,都可以找到具有类似特性的效用函数[152-154]。

对效用函数求取最大值,可以得到两个异质产品的需求函数如下。

$$D_h = \frac{a_h - \theta a_l - p_h + \theta p_l + \gamma s_h - \theta \gamma s_l}{1 - \theta^2} \quad (3-2)$$

$$D_l = \frac{a_l - \theta a_h - p_l + \theta p_h + \gamma s_l - \theta \gamma s_h}{1 - \theta^2} \quad (3-3)$$

考虑到在耐用品市场中,很多制造商,如苹果和格力等公司,在供应链中拥有绝对的话语权,属于供应链当中的核心企业,占据领导地位,他们可以自行决定批发价格与质保服务。而零售商,例如苹果和格力产品专卖店,处于供应链的下游,非供应链中的核心企业,因此权力相对较小,只能被迫接受上游制造商的决策,然后制定自己的策略。基于此种情况,本章设定制造商为斯坦伯格博弈的领导者先进行决策,而零售商则作为从者后进行决策。

3.2.3 符号与假设

表3-1汇总了本章出现的参数与其定义。

表3-1 本章使用符号说明

变量符号	定义
w	批发价格
p	零售价格
s	质保服务水平
a_i	基础市场份额
c_i	生产成本
k_i	质保成本系数
θ	产品可替代性
γ	市场需求对服务水平的敏感系数
D_i	需求函数
$\varPi_M$	制造商的利润函数
$\varPi_R$	零售商的利润函数
U	消费者的效用函数

为了使问题存在最优解,本章假设质保服务的成本系数满足下列条件:

$$k_h > \max \frac{\gamma^2}{4-4\theta^2}, \frac{\gamma^4 - 4k_l\gamma^2}{4\gamma^2 - 16k_l(1-\theta^2)} \tag{3-4}$$

即,质保服务的单位成本系数k_i应该相对有效。否则,当k_i过小时,服务商只需要付出很小的成本就可以极大程度上地提升服务水平,进而增加销量,这会导致服务商一直追求更高水平的质保服务。因此,只有当质保服务成本系数相对有效时,服务商才会提供有限的质保服务[12,97,155]。

为了方便分析,本章运用了一个独立的参数$\varOmega$来表示高质量产品对低质量产品的相对生产效率。与Cai[117]、Chen等[125]、Feng和Lu[156]相同,本章定义$\varOmega = \frac{a_h - c_h}{a_l - c_l}$,其中$a_i - c_i$表示两个产品各自的生产效率。如果$\varOmega > 1$,那么高质量产品比低质量产品拥有更高的生产效率,反之亦然。

3.3 模型分析

3.3.1 制造商策略

在制造商策略下,制造商直接为两种质量的产品提供质保服务。考虑质保服务一旦确定则很难更改,产品价格相对来说更加灵活,可以随时调整,因此本章在保证制造商斯坦伯格领导者的地位下,优先考虑质保服务决策,然后进行定价决策。即,制造商先制定质保服务水平s_i,然后决定批发价格w_i,最后零售商决策两个产品的零售价格p_i。具体决策流程如图3-2所示。

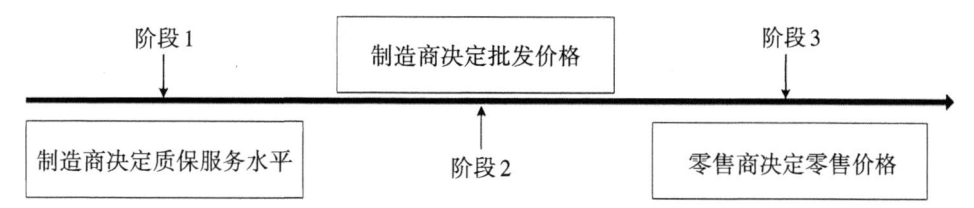

图3-2 制造商策略下供应链成员决策顺序

制造商和零售商的利润函数为

$$\Pi_M^M = \left(w_h^M - c_h\right)D_h + \left(w_l^M - c_l\right)D_l - k_l s_l^{M^2} - k_h s_h^{M^2}, \quad (3-5)$$

$$\Pi_R^M = \left(p_h^M - w_h^M\right)D_h + \left(p_l^M - w_l^M\right)D_l. \quad (3-6)$$

定理3.1 制造商策略下的供应链成员的最优策略如表3-2所示。

表3-2 制造商策略下的最优解

供应链成员决策变量	最优解
w_h^{M*}	$\dfrac{4A_2 k_h(a_h + c_h) - 4\gamma^2 \theta k_l(a_l - c_l) - B_2 \gamma^2 c_h}{8 k_h A_2 - \gamma^2 B_2}$
w_l^{M*}	$\dfrac{4A_1 k_l(a_l + c_l) - 4\gamma^2 \theta k_h(a_h - c_h) - B_1 \gamma^2 c_l}{8 k_h A_2 - \gamma^2 B_2}$
p_h^{M*}	$\dfrac{2A_2 k_h(3a_h + c_h) - 6\gamma^2 \theta k_l(a_l - c_l) - B_2 \gamma^2 c_h}{8 k_h A_2 - \gamma^2 B_2}$

续表

供应链成员决策变量	最优解
p_l^{M*}	$\dfrac{2A_1k_l(3a_l+c_l)-6\gamma^2\theta k_h(a_h-c_h)-B_1\gamma^2 c_l}{8k_hA_2-\gamma^2 B_2}$
s_h^{M*}	$\dfrac{\gamma(a_l-c_l)(B_2\Omega-8\theta k_l)}{8k_hA_2-\gamma^2 B_2}$
s_l^{M*}	$\dfrac{\gamma(a_l-c_l)(B_1-8\theta k_h\Omega)}{8k_hA_2-\gamma^2 B_2}$
Π_{Mh}^{M*}	$\dfrac{k_h(a_h-c_h)(a_l-c_l)(B_2\Omega-8\theta k_l)}{8k_hA_2-\gamma^2 B_2}$
Π_{Ml}^{M*}	$\dfrac{k_l(a_h-c_h)^2(B_1-8\theta k_h\Omega)}{8k_hA_2-\gamma^2 B_2}$
Π_M^{M*}	$\dfrac{(a_l-c_l)^2(B_2k_h\Omega^2-16\theta k_hk_l+B_1k_l)}{8k_hA_2-\gamma^2 B_2}$
Π_{Rh}^{M*}	$\dfrac{4k_h(a_l-c_l)^2(B_2-8\theta k_l)(A_2k_h\Omega^2-\gamma^2\theta k_l)}{(8k_hA_2-\gamma^2 B_2)^2}$
Π_{Rl}^{M*}	$\dfrac{4k_l(a_l-c_l)^2(8\theta k_h\Omega-B_1)(\gamma^2\theta k_h\Omega-A_1k_l)}{(8k_hA_2-\gamma^2 B_2)^2}$
Π_R^{M*}	$\dfrac{4(a_l-c_l)^2(k_l(8\theta k_h\Omega-B_1)(\gamma^2\theta k_h\Omega-A_1k_l)+k_h(8\theta k_l-B_2\Omega)(\gamma^2\theta k_l-A_2k_h\Omega))}{(8k_hA_2-\gamma^2 B_2)^2}$
U^{M*}	$2(a_l-c_l)^2\begin{pmatrix}2\theta k_hk_l\Omega(\gamma^4-64(1-\theta^2)k_hk_l)+\\k_h^2\Omega^2(8B_2(1-\theta^2)k_l-A_2\gamma^2)\\+k_l^2(8B_1(1-\theta^2)k_h-A_1\gamma^2)\end{pmatrix}\Big/(8k_hA_2-\gamma^2 B_2)^2$

其中，$A_1=8k_h(1-\theta^2)-\gamma^2$，$A_2=8k_l(1-\theta^2)-\gamma^2$，$B_1=8k_h-\gamma^2$，$B_2=8k_l-\gamma^2$。

证明：

通过逆向归纳法求解该博弈问题，首先考虑零售商的产品定价问题。

$$\frac{\partial \Pi_R^M}{\partial p_h^M}=\frac{a_h-a_l\theta-2p_h^M+2\theta p_l^M+\gamma s_h^M-\gamma\theta s_l^M+w_h^M-\theta w_h^M}{1-\theta^2}=0 \qquad (3-7)$$

$$\frac{\partial \Pi_R^M}{\partial p_l^M} = \frac{a_l - a_h \theta + 2\theta p_h^M - 2p_l^M - \gamma \theta s_h^M + \gamma s_l^M - \theta w_h^M + w_l^M}{1-\theta^2} = 0 \quad (3-8)$$

求解上述零售商利润函数的一阶条件,得到零售商的零售价格关于批发价格和质保服务水平的反应函数。

$$p_h^M(w_h^M, w_l^M, s_h^M, s_l^M) = \frac{1}{2}(a_h + \gamma s_h^M + w_h^M) \quad (3-9)$$

$$p_l^M(w_h^M, w_l^M, s_h^M, s_l^M) = \frac{1}{2}(a_l + \gamma s_l^M + w_l^M) \quad (3-10)$$

求解海塞矩阵,

$$\begin{pmatrix} \dfrac{\partial^2 \Pi_R^M}{\partial p_h^{M2}} & \dfrac{\partial^2 \Pi_R^M}{\partial p_h^M \partial p_l^M} \\ \dfrac{\partial^2 \Pi_R^M}{\partial p_l^M \partial p_h^M} & \dfrac{\partial^2 \Pi_R^M}{\partial p_l^{M2}} \end{pmatrix} = \begin{pmatrix} -\dfrac{2}{1-\theta^2} & \dfrac{2\theta}{1-\theta^2} \\ \dfrac{2\theta}{1-\theta^2} & -\dfrac{2}{1-\theta^2} \end{pmatrix}$$

可以判断出海塞矩阵负定,满足二阶条件。

其次,考虑制造商的批发价格,将 $p_h^M(w_h^M, w_l^M, s_h^M, s_l^M)$ 和 $p_l^M(w_h^M, w_l^M, s_h^M, s_l^M)$ 代入制造商的利润函数得 $\Pi_M^M(w_h^M, w_l^M, s_h^M, s_l^M)$,令 $\dfrac{\partial \Pi_M^M(w_h^M, w_l^M, s_h^M, s_l^M)}{\partial w_h^M} = 0$,$\dfrac{\partial \Pi_M^M(w_h^M, w_l^M, s_h^M, s_l^M)}{\partial w_l^M} = 0$,得批发价格关于服务水平的反应函数为

$$w_h^M(s_h^M, s_l^M) = \frac{1}{2}(a_h + c_h + \gamma s_h^M) \quad (3-11)$$

$$w_l^M(s_h^M, s_l^M) = \frac{1}{2}(a_l + c_l + \gamma s_l^M) \quad (3-12)$$

求解海塞矩阵。

$$\begin{pmatrix} \dfrac{\partial^2 \Pi_M^M}{\partial w_h^{M2}} & \dfrac{\partial^2 \Pi_M^M}{\partial w_h^M \partial w_l^M} \\ \dfrac{\partial^2 \Pi_M^M}{\partial w_l^M \partial w_h^M} & \dfrac{\partial^2 \Pi_M^M}{\partial w_l^{M2}} \end{pmatrix} = \begin{pmatrix} -\dfrac{1}{1-\theta^2} & \dfrac{\theta}{1-\theta^2} \\ \dfrac{\theta}{1-\theta^2} & -\dfrac{1}{1-\theta^2} \end{pmatrix}$$

可以判断出海塞矩阵负定,满足二阶条件。

将 $w_h^M(s_h^M, s_l^M)$ 和 $w_l^M(s_h^M, s_l^M)$ 代入 $\Pi_h^M(s_h^M, s_l^M)$ 得到质保服务水平最优解 s_h^{M*} 和 s_l^{M*}。

求解海塞矩阵,

$$\begin{pmatrix} \dfrac{\partial^2 \Pi_M^M}{\partial s_h^{M2}} & \dfrac{\partial^2 \Pi_M^M}{\partial s_h^M \partial s_l^M} \\ \dfrac{\partial^2 \Pi_M^M}{\partial s_l^M \partial s_h^M} & \dfrac{\partial^2 \Pi_M^M}{\partial s_l^{M2}} \end{pmatrix} = \begin{pmatrix} \dfrac{\gamma^2 - 8(1-\theta^2)k_h}{4(1-\theta^2)} & -\dfrac{\gamma^2 \theta}{4(1-\theta^2)} \\ -\dfrac{\gamma^2 \theta}{4(1-\theta^2)} & \dfrac{\gamma^2 - 8(1-\theta^2)k_l}{4(1-\theta^2)} \end{pmatrix}$$

由上节对参数 k_i 的假设可知,海塞矩阵负定,满足二阶条件。

最后,将上述最优服务水平代回批发价格和零售价格的反应函数,可得制造商和零售商的最优策略。

通过表3-2,可以观察到,只有当低质量产品的生产效率相对较高时($\Omega < \dfrac{B_1}{8\theta k_h}$),制造商才能够从低质量产品的销售渠道中获利,否则制造商会停止生产低质量产品,转而专注于高质量产品销售渠道的运营当中。另外,高质量产品的生产效率也要大于一定临界值($\Omega > \dfrac{8\theta k_l}{B_2}$),这样才能保证制造商会同时保留两个产品的生产渠道。但是,无论产品的相对生产效率如何变化,制造商的总利润(Π_M^{M*})总是正的,也就说,即使制造商从一个产品的销售渠道中收益受损,另一个销售渠道也能弥补其损失。同样,对于零售商而言,只有当高质量产品的生产效率高于或低于一定的边界值时,同时销售两种产品才会为他带来正向利润。

3.3.2 零售商策略

在零售商策略下,制造商将两种产品的质保服务均外包给零售商。

决策流程如图3-3所示。首先制造商决定批发价格,然后在观察到制造商的批发价格后,零售商需要决策自己的质保服务水平,最后再分别制定两个产品的零售价格。

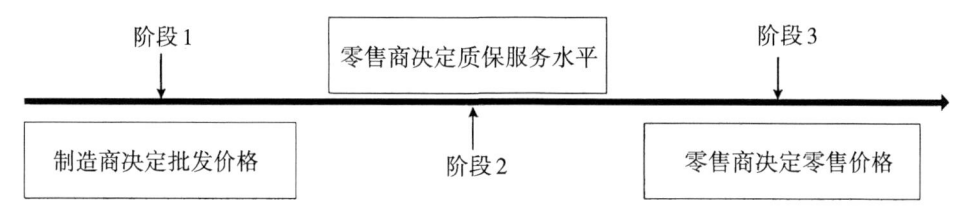

图3-3 零售商策略下供应链成员决策顺序

制造商和零售商的利润函数为。

$$\Pi_M^R = \left(w_h^M - c_h\right)D_h + \left(w_l^R - c_l\right)D_l \tag{3-13}$$

$$\Pi_R^R = \left(p_h^M - w_h^R\right)D_h + \left(p_l^R - w_l^R\right)D_l - k_l s_l^{R^2} - k_h s_h^{R^2} \tag{3-14}$$

定理3.2 零售商策略下的供应链成员的最优策略如表3-3所示。

表3-3 零售商策略下的最优解

供应链成员决策变量	最优解
$w_h^{R^*}$	$\dfrac{a_h + c_h}{2}$
$w_l^{R^*}$	$\dfrac{a_l + c_l}{2}$
$p_h^{R^*}$	$\dfrac{2A_4 k_h \left(3a_h + c_h\right) - B_4 \gamma^2 \left(a_h + c_h\right) - 2\gamma^2 \theta k_l \left(a_l - c_l\right)}{8k_h A_4 - 2\gamma^2 B_4}$
$p_l^{R^*}$	$\dfrac{2A_3 k_l \left(3a_l + c_l\right) - 2\gamma^2 \theta k_h \left(a_h - c_h\right) - B_3 \gamma^2 \left(a_l + c_l\right)}{8k_h A_4 - 2\gamma^2 B_4}$
$s_h^{R^*}$	$\dfrac{\gamma \left(a_l - c_l\right)\left(B_4 \Omega - 4\theta k_l\right)}{8k_h A_4 - 2\gamma^2 B_4}$
$s_l^{R^*}$	$\dfrac{\gamma \left(a_l - c_l\right)\left(B_3 - 4\theta k_h \Omega\right)}{8k_h A_4 - 2\gamma^2 B_4}$
$\Pi_{Mh}^{R^*}$	$\dfrac{k_h \left(a_h - c_h\right)\left(a_l - c_l\right)\left(B_4 \Omega - 4\theta k_l\right)}{8k_h A_4 - 2\gamma^2 B_4}$
$\Pi_{Ml}^{R^*}$	$\dfrac{k_l \left(a_l - c_l\right)^2 \left(B_3 - 4\theta k_h \Omega\right)}{8k_h A_4 - 2\gamma^2 B_4}$
$\Pi_M^{R^*}$	$\dfrac{\left(a_l - c_l\right)^2 \left(B_4 k_h \Omega^2 - 8\theta k_h k_l \Omega + B_3 k_l\right)}{8k_h A_4 - 2\gamma^2 B_4}$
$\Pi_{Rh}^{R^*}$	$\dfrac{k_h \left(a_h - c_h\right)\left(a_l - c_l\right)\left(B_4 \Omega - 4\theta k_l\right)}{16k_h A_4 - 4\gamma^2 B_4}$
$\Pi_{Rl}^{R^*}$	$\dfrac{k_l \left(a_l - c_l\right)^2 \left(B_3 - 4\theta k_h \Omega\right)}{16k_h A_4 - 4\gamma^2 B_4}$

续表

供应链成员决策变量	最优解
Π_R^{R*}	$\dfrac{(a_l - c_l)^2 (B_4 k_h \Omega^2 - 8\theta k_h k_l \Omega + B_3 k_l)}{16 k_h A_4 - 4\gamma^2 B_4}$
U^{R*}	$(a_l - c_l)^2 \begin{pmatrix} 2\theta k_h k_l \Omega (\gamma^4 - 16(1-\theta^2) k_h k_l) + \\ k_h^2 \Omega^2 (4 B_4 (1-\theta^2) k_l - A_4 \gamma^2) + \\ k_l^2 (4 B_3 (1-\theta^2) k_h - A_3 \gamma^2) \end{pmatrix} / 2(4 k_h A_4 - \gamma^2 B_4)^2$

其中,$A_3 = 4k_h(1-\theta^2) - \gamma^2, A_4 = 4k_l(1-\theta^2) - \gamma^2, B_3 = 4k_h - \gamma^2, B_4 = 4k_l - \gamma^2$。

证明:

首先,考虑零售商的产品定价问题。

$$\frac{\partial \Pi_R^R}{\partial p_h^R} = \frac{a_h - a_l\theta - 2p_h^R + 2\theta p_l^R + \gamma s_h^R - \gamma \theta s_l^R + w_h^R - \theta w_l^R}{1-\theta^2} = 0 \quad (3-15)$$

$$\frac{\partial \Pi_R^R}{\partial p_l^R} = \frac{a_l - a_h\theta + 2\theta p_h^R - 2p_l^R - \gamma \theta s_h^R + \gamma s_l^M - \theta w_h^R + w_l^R}{1-\theta^2} = 0 \quad (3-16)$$

求解上述零售商的一阶条件,得到零售商的零售价格关于批发价格和质保服务水平的反应函数。

$$p_h^R(w_h^R, w_l^R, s_h^R, s_l^R) = \frac{1}{2}(a_h + \gamma s_h^R + w_h^R) \quad (3-17)$$

$$p_l^R(w_h^R, w_l^R, s_h^R, s_l^R) = \frac{1}{2}(a_l + \gamma s_l^R + w_l^R) \quad (3-18)$$

求解海塞矩阵,

$$\begin{pmatrix} \dfrac{\partial^2 \Pi_R^R}{\partial p_h^{R2}} & \dfrac{\partial^2 \Pi_R^R}{\partial p_h^R \partial p_l^R} \\ \dfrac{\partial^2 \Pi_R^R}{\partial p_l^R \partial p_h^R} & \dfrac{\partial^2 \Pi_R^R}{\partial p_l^{R2}} \end{pmatrix} = \begin{pmatrix} -\dfrac{2}{1-\theta^2} & \dfrac{2\theta}{1-\theta^2} \\ \dfrac{2\theta}{1-\theta^2} & -\dfrac{2}{1-\theta^2} \end{pmatrix}$$

可以判断出海塞矩阵负定,满足二阶条件。

其次,考虑质保服务水平,将 $p_h^R(w_h^R, w_l^R, s_h^R, s_l^R)$ 和 $p_l^R(w_h^R, w_l^R, s_h^R, s_l^R)$ 代入零售商的利润函数可得 $\Pi_R^R(w_h^R, w_l^R, s_h^R, s_l^R)$,令 $\dfrac{\partial^2 \Pi_R^R(w_h^R, w_l^R, s_h^R, s_l^R)}{\partial s_h^R} = 0, \dfrac{\partial^2 \Pi_R^R(w_h^R, w_l^R, s_h^R, s_l^R)}{\partial s_l^R} = 0$,

得服务水平关于批发价格的反应函数为

$$s_h^R(w_h^M, w_l^M) = \frac{\gamma(a_h(\gamma^2 - 4k_l) + 4k_l(a_l\theta + w_h^R - \theta w_l^R) - \gamma^2 w_h^R)}{4k_h(\gamma^2 - 4(1-\theta^2)k_l) + 4\gamma^2 k_l - \gamma^4} \tag{3-19}$$

$$s_l^R(w_h^M, w_l^M) = \frac{\gamma(a_l(4k_h - \gamma^2) - 4k_h(a_h\theta - \theta w_h^R + w_l^R) + \gamma^2 w_l^R)}{\gamma^4 - 4k_h(\gamma^2 - 4(1-\theta^2)k_l) - 4\gamma^2 k_l} \tag{3-20}$$

求解海塞矩阵

$$\begin{pmatrix} \dfrac{\partial^2 \Pi_R^R}{\partial s_h^{R2}} & \dfrac{\partial^2 \Pi_R^R}{\partial s_h^R \partial s_l^R} \\ \dfrac{\partial^2 \Pi_R^R}{\partial s_l^R \partial s_h^R} & \dfrac{\partial^2 \Pi_R^R}{\partial s_l^{R2}} \end{pmatrix} = \begin{pmatrix} \dfrac{\gamma^2 - 4(1-\theta^2)k_h}{2(1-\theta^2)} & -\dfrac{\gamma^2 \theta}{2(1-\theta^2)} \\ -\dfrac{\gamma^2 \theta}{2(1-\theta^2)} & \dfrac{\gamma^2 - 4(1-\theta^2)k_l}{2(1-\theta^2)} \end{pmatrix}$$

可以判断出海塞矩阵负定,满足二阶条件。

将 $s_h^R(w_h^M, w_l^M)$ 和 $s_l^R(w_h^M, w_l^M)$ 代入 $\Pi_M^R(w_h^M, w_l^M)$ 得到批发价格最优解 w_h^{M*} 和 w_l^{M*}。

求解海塞矩阵。

$$\begin{pmatrix} \dfrac{\partial^2 \Pi_M^R}{\partial w_h^{R2}} & \dfrac{\partial^2 \Pi_M^R}{\partial w_h^R \partial w_l^R} \\ \dfrac{\partial^2 \Pi_M^R}{\partial w_l^R \partial w_h^R} & \dfrac{\partial^2 \Pi_M^R}{\partial w_l^{R2}} \end{pmatrix} =$$

$$\begin{pmatrix} \dfrac{4k_h(4k_l - \gamma^2)}{4k_h(\gamma^2 - 4(1-\theta^2)k_l) + 4\gamma^2 k_l - \gamma^4} & -\dfrac{16\theta k_h k_l}{4k_h(\gamma^2 - 4(1-\theta^2)k_l) + 4\gamma^2 k_l - \gamma^4} \\ -\dfrac{16\theta k_h k_l}{4k_h(\gamma^2 - 4(1-\theta^2)k_l) + 4\gamma^2 k_l - \gamma^4} & \dfrac{4k_h(4k_l - \gamma^2)}{4k_h(\gamma^2 - 4(1-\theta^2)k_l) + 4\gamma^2 k_l - \gamma^4} \end{pmatrix}$$

由上节对参数 k_l 的假设可知,海塞矩阵负定,满足二阶条件。

最后,将最优批发价格代回服务水平和零售价格的反应函数,即可得制造商和零售商的最优策略。

通过表3-3可以观察到,不同于策略M,在策略R下,制造商的批发价格仅取决于产品各自的基础市场份额与生产成本。此时制造商将服务权下放给了零售商,因此只专注于批发价格的制定。而生产成本与基础市场份额又是决定价格的关键指标,高额的生产成本会激励制造商提升批发价格以维持利润,庞大的基础市场份额则会扩大制造商的定价空间。此外,有意思的是通过表3-3可以发现,制造商通过高、低产品渠道赚取的利润都是零售商的两倍。在此策略下,零售商同时掌握产品的定价与服务权,而这两者可以直接决定产品销量,但是制造商处于供应链对上游,有绝对权力,因此仍可以通过批发价格控制供应链的利润分配,使自己维持相对较高的收入。

3.3.3 制造商零售商策略

在制造商零售商策略下,制造商自己为高质量产品提供质保服务,并将低质量产品的质保服务外包给零售商。

决策流程如图3-4所示。首先制造商决定高质量产品的质保服务水平,然后决定两个产品的批发价格。在观察到制造商的批发价格与质保服务决策后,零售商需要决策低质量产品的质保服务水平,最后决定两个产品的零售价格。

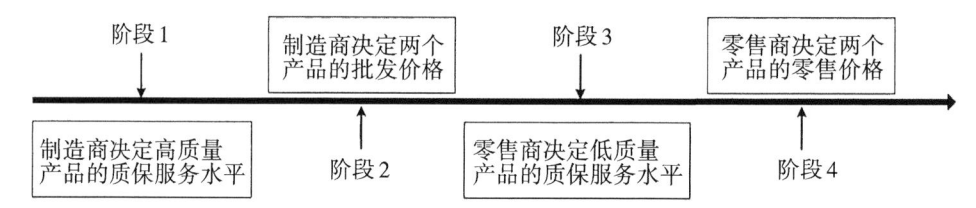

图3-4 制造商零售商策略下供应链成员决策顺序

制造商和零售商的利润函数为。

$$\Pi_M^{MR} = \left(w_h^{MR} - c_h\right)D_h + \left(w_l^{MR} - c_l\right)D_l - k_h s_h^{MR^2} \quad (3-21)$$

$$\Pi_R^{MR} = \left(p_h^{MR} - w_h^{MR}\right)D_h + \left(p_l^{MR} - w_l^{MR}\right)D_l - k_l s_l^{MR^2} \quad (3-22)$$

定理3.3 制造商零售商策略下的供应链成员的最优策略如表3-4所示。

表3-4 制造商零售商策略下的最优解

供应链成员决策变量	最优解
$w_h^{MR^*}$	$\dfrac{2A_4 k_h \left(a_h + c_h\right) - 2\gamma^2 \theta k_l \left(a_l - c_l\right) - B_4 \gamma^2 c_h}{8 k_h A_4 - \gamma^2 B_4}$
$w_l^{MR^*}$	$\dfrac{a_l + c_l}{2}$

续表

供应链成员决策变量	最优解
p_h^{MR*}	$\dfrac{2A_4 k_h (3a_h + c_h) - B_4 \gamma^2 c_h - 3\gamma^2 \theta k_l (a_l - c_l)}{8 k_h A_4 - 2\gamma^2 B_4}$
p_l^{MR*}	$\dfrac{2A_1 k_l (3a_l + c_l) - 2\gamma^2 \theta k_h (a_h - c_h) - B_1 \gamma^2 (a_l + c_l)}{16 k_h A_4 - 2\gamma^2 B_4}$
s_h^{MR*}	$\dfrac{\gamma (a_l - c_l)(B_4 \Omega - 4\theta k_l)}{8 k_h A_4 - 2\gamma^2 B_4}$
s_l^{MR*}	$\dfrac{\gamma (a_l - c_l)(B_1 - 8\theta k_h \Omega)}{16 k_h A_4 - 2\gamma^2 B_4}$
Π_{Mh}^{MR*}	$\dfrac{k_h (a_h - c_h)(a_l - c_l)(B_4 \Omega - 4\theta k_l)}{8 k_h A_4 - 2\gamma^2 B_4}$
Π_{Ml}^{MR*}	$\dfrac{k_l (a_l - c_l)^2 (8\theta k_h \Omega - B_1)}{16 k_h A_4 - 2\gamma^2 B_4}$
Π_M^{MR*}	$\dfrac{(a_l - c_l)^2 (2B_4 k_h \Omega^2 - 16\theta k_h k_l \Omega + B_1 k_l)}{16 k_h A_4 - 2\gamma^2 B_4}$
Π_{Rh}^{MR*}	$\dfrac{2 k_h (a_l - c_l)^2 (B_4 \Omega - 4\theta k_l)(2A_4 k_h \Omega - \gamma^2 k_l)}{(8 k_h A_4 - \gamma^2 B_4)^2}$
Π_{Rl}^{MR*}	$\dfrac{k_l (a_l - c_l)^2 (B_1 - 8\theta k_h \Omega)}{32 k_h A_4 - 4\gamma^2 B_4}$
Π_R^{MR*}	$\dfrac{(a_l - c_l)^2 (16 k_h^2 \Omega^2 A_4 B_4 - 128 A_4 \theta k_h^2 k_l \Omega + k_l (B_4 \gamma^4 + 16 A_4 B_3 k_l))}{4(8 k_h A_4 - \gamma^2 B_4)^2}$
U^{MR*}	$(a_l - c_l)^2 \begin{pmatrix} 64(1-\theta^2) k_h^2 k_l^2 (1 - 2\theta\Omega + \Omega^2) + \\ 4\gamma^4 \theta k_h k_l \Omega - 4\gamma^2 k_h^2 \Omega^2 A_2 - \\ 16\gamma^2 (1-\theta^2) k_h k_l^2 + \gamma^4 k_l^2 \end{pmatrix} / 2(8 k_h A_4 - \gamma^2 B_4)^2$

证明:

首先,考虑零售商的产品定价问题。

$$\frac{\partial \Pi_R^{MR}}{\partial p_h^{MR}} = \frac{a_h - a_l\theta - 2p_h^{MR} + 2\theta p_l^{MR} + \gamma s_h^{MR} - \gamma\theta s_l^{MR} + w_h^{MR} - \theta w_l^{MR}}{1 - \theta^2} = 0 \quad (3-23)$$

$$\frac{\partial \Pi_R^{MR}}{\partial p_l^{MR}} = \frac{a_l - a_h\theta + 2\theta p_h^{MR} - 2p_l^{MR} - \gamma\theta s_h^{MR} + \gamma s_l^{MR} - \theta w_h^{MR} + w_l^{MR}}{1 - \theta^2} = 0 \quad (3-24)$$

求解上述零售商的一阶条件，得到零售商的零售价格关于批发价格和质保服务水平的反应函数。

$$p_h^{MR}(w_h^{MR}, w_l^{MR}, s_h^{MR}, s_l^{MR}) = \frac{1}{2}(a_h + \gamma s_h^{MR} + w_h^{MR}) \quad (3-25)$$

$$p_l^{MR}(w_h^{MR}, w_l^{MR}, s_h^{MR}, s_l^{MR}) = \frac{1}{2}(a_l + \gamma s_l^{MR} + w_l^{MR}). \quad (3-26)$$

求解海塞矩阵。

$$\begin{pmatrix} \frac{\partial^2 \Pi_R^{MR}}{\partial p_h^{MR^2}} & \frac{\partial^2 \Pi_R^{MR}}{\partial p_h^{MR} \partial p_l^{MR}} \\ \frac{\partial^2 \Pi_R^{MR}}{\partial p_l^{MR} \partial p_h^{MR}} & \frac{\partial^2 \Pi_R^{MR}}{\partial p_l^{MR^2}} \end{pmatrix} = \begin{pmatrix} -\frac{2}{1-\theta^2} & \frac{2\theta}{1-\theta^2} \\ \frac{2\theta}{1-\theta^2} & -\frac{2}{1-\theta^2} \end{pmatrix}$$

可以判断出海塞矩阵负定，满足二阶条件。

其次，考虑零售商对于低质量产品的质保策略，将 $p_h^{MR}(w_h^{MR}, w_l^{MR}, s_h^{MR}, s_l^{MR})$ 和 $p_l^{MR}(w_h^{MR}, w_l^{MR}, s_h^{MR}, s_l^{MR})$ 代入零售商的利润函数可得 $\Pi_R^{MR}(w_h^{MR}, w_l^{MR}, s_h^{MR}, s_l^{MR})$，令 $\frac{\partial^2 \Pi_R^{MR}(w_h^{MR}, w_l^{MR}, s_h^{MR}, s_l^{MR})}{\partial s_h^{MR}} = 0$，得零售商对低质量产品的服务水平关于批发价格和制造商对高质量产品的服务水平的反应函数为

$$s_l^{MR}(w_h^{MR}, w_l^{MR}, s_h^{MR}) = \frac{\gamma(\theta(a_h + \gamma s_h^{MR} - w_h^{MR}) - a_l + w_l^{MR})}{\gamma^2 - 4(1-\theta^2)k_l} \quad (3-27)$$

对 Π_R^{MR} 关于 s_l^{MR} 求二阶偏导，$\frac{\partial^2 \Pi_R^{MR}}{\partial s_l^{MR^2}} = \frac{\gamma^2 - 4(1-\theta^2)k_l}{2 - 2\theta^2} < 0$，满足二阶条件。

将 $s_l^{MR}(w_h^{MR}, w_l^{MR}, s_h^{MR})$ 代入 $\Pi_M^{MR}(w_h^{MR}, w_l^{MR}, s_h^{MR})$ 得到批发价格关于制造商对高质量产品的质保服务水平的反应函数为

$$w_h^{MR}(s_h^{MR}) = \frac{1}{2}(a_h + c_h + \gamma s_h^{MR}) \quad (3-28)$$

$$w_l^{MR}(s_h^{MR}) = \frac{1}{2}(a_l + c_l) \quad (3-29)$$

求解海塞矩阵

$$\begin{pmatrix} \dfrac{\partial^2 \Pi_M^{MR}}{\partial w_h^{MR^2}} & \dfrac{\partial^2 \Pi_M^{MR}}{\partial w_h^{MR} \partial w_l^{MR}} \\ \dfrac{\partial^2 \Pi_M^{MR}}{\partial w_l^{MR} \partial w_h^{MR}} & \dfrac{\partial^2 \Pi_M^{MR}}{\partial w_l^{MR^2}} \end{pmatrix} = \begin{pmatrix} \dfrac{4k_l - \gamma^2}{\gamma^2 - 4(1-\theta^2)k_l} & -\dfrac{4\theta k_l}{\gamma^2 - 4(1-\theta^2)k_l} \\ -\dfrac{4\theta k_l}{\gamma^2 - 4(1-\theta^2)k_l} & \dfrac{4k_l}{\gamma^2 - 4(1-\theta^2)k_l} \end{pmatrix}$$

由上节对参数 k_i 的假设可知,海塞矩阵负定,满足二阶条件。

将 $w_h^{MR}(s_h^{MR})$ 与 $w_l^{MR}(s_h^{MR})$ 代入 $\Pi_M^{MR}(s_h^{MR})$,得到制造商对于高质量产品的质保策略最优解 $s_h^{MR^*}$。

对 Π_M^{MR} 关于 s_h^{MR} 求二阶偏导,$\dfrac{\partial^2 \Pi_M^{MR}}{\partial s_h^{MR^2}} = \dfrac{\gamma^4 - 8k_h(\gamma^2 - 4(1-\theta^2)k_l) - 4\gamma^2 k_l}{4\gamma^2 - 16(1-\theta^2)k_l} < 0$,满足二阶条件。

最后,将 $s_h^{MR^*}$ 代回各个决策变量的反应函数中,即可得到制造商和零售商的最优策略。

通过表 3-3 和 3-4 可以发现,制造商在策略 R 与 MR 下对低质量产品制定了相同的批发价格,即 $w_l^{R^*} = w_l^{MR^*} = \dfrac{a_l + c_l}{2}$。但是面对相同的批发价格,零售商在两种策略下制定了不同的零售价格。这是因为在策略 MR 下,零售商失去了质保服务的绝对控制权,高质量产品质保服务权的转移间接影响了零售商对低质量产品的定价策略。

3.3.4 零售商制造商策略

在零售商制造商策略下,制造商自己为低质量产品提供质保服务,并将高质量产品的质保服务外包给零售商。

决策流程如图 3-5 所示。首先制造商决定低质量产品的质保服务水平,然后决定两个产品的批发价格。在观察到制造商的批发价格和质保决策后,零售商需要决策高质量产品的质保服务水平,最后决定自己的零售价格。

阶段1：制造商决定低质量产品的质保服务水平
阶段2：制造商决定两个产品的批发价格
阶段3：零售商决定高质量产品的质保服务水平
阶段4：零售商决定两个产品的零售价格

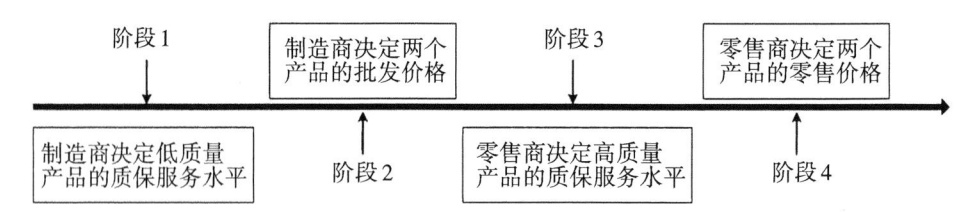

图3-5 零售商制造商策略下供应链成员决策顺序

制造商和零售商的利润函数为：

$$\Pi_M^{RM} = \left(w_h^{RM} - c_h\right)D_h + \left(w_l^{RM} - c_l\right)D_l - k_l s_l^{RM^2} \tag{3-30}$$

$$\Pi_R^{RM} = \left(p_h^{RM} - w_h^{RM}\right)D_h + \left(p_l^{RM} - w_l^{RM}\right)D_l - k_h s_h^{RM^2} \tag{3-31}$$

定理3.4 零售商制造商策略下的供应链成员的最优策略如表3-5所示。

表3-5 零售商制造商策略下的最优解

供应链成员决策变量	最优解
$w_h^{RM^*}$	$\dfrac{a_h + c_h}{2}$
$w_l^{RM^*}$	$\dfrac{2A_3 k_l\left(a_l + c_l\right) - 2\gamma^2 \theta k_h\left(a_h - c_h\right) - B_3 \gamma^2 c_l}{4k_h A_2 - \gamma^2 B_2}$
$p_h^{RM^*}$	$\dfrac{2A_2 k_h\left(3a_l + c_h\right) - B_2 \gamma^2\left(a_h + c_h\right) - 4\gamma^2 \theta k_l\left(a_l - c_l\right)}{8k_h A_2 - 2\gamma^2 B_2}$
$p_l^{RM^*}$	$\dfrac{2A_3 k_l\left(3a_l + c_l\right) - 3\gamma^2 \theta k_h\left(a_h - c_h\right) - B_3 \gamma^2 c_l}{4k_h A_2 - \gamma^2 B_2}$
$s_h^{RM^*}$	$\dfrac{\gamma\left(a_l - c_l\right)\left(B_2 \Omega - 8\theta k_l\right)}{8k_h A_2 - 2\gamma^2 B_2}$
$s_l^{RM^*}$	$\dfrac{\gamma\left(a_l - c_l\right)\left(B_3 - 4\theta k_h \Omega\right)}{4k_h A_2 - \gamma^2 B_2}$
$\Pi_{Mh}^{RM^*}$	$\dfrac{k_h\left(a_h - c_h\right)\left(a_l - c_l\right)\left(B_2 \Omega - 8\theta k_l\right)}{8k_h A_2 - 2\gamma^2 B_2}$
$\Pi_{Ml}^{RM^*}$	$\dfrac{k_l\left(a_l - c_l\right)^2\left(B_3 - 4\theta k_h \Omega\right)}{4k_h A_2 - \gamma^2 B_2}$

续表

供应链成员决策变量	最优解
Π_M^{RM*}	$\dfrac{(a_l-c_l)^2(B_2 k_h \Omega^2 - 16\theta k_h k_l \Omega + 2B_3 k_l)}{8k_h A_2 - 2\gamma^2 B_2}$
Π_{Rh}^{RM*}	$\dfrac{k_h(a_h-c_h)(a_l-c_l)(B_4\Omega - 8\theta k_l)}{16 k_h A_2 - 4\gamma^2 B_2}$
Π_{Rl}^{RM*}	$\dfrac{(a_l-c_l)^2\left(8\gamma^2\theta^2 k_h^2 k_l \Omega^2 - 2\theta k_h k_l \Omega(8A_3 k_l + B_3\gamma^2) + 4A_3 B_3 k_l^2\right)}{(4k_h A_2 - \gamma^2 B_2)^2}$
Π_R^{RM*}	$\dfrac{(a_l-c_l)^2\left(k_h\left(4k_h\left(16k_l(1-\theta^2)B_4 + \gamma^4\right) - \gamma^2 B_2^2\right)\Omega^2 - 16k_l^2(8k_h\theta\Omega + B_3)A_3\right)}{4(4k_h A_2 - \gamma^2 B_2)^2}$
U^{RM*}	$(a_l-c_l)^2 \begin{pmatrix} 4\theta k_h k_l \Omega(\gamma^4 - 32(1-\theta^2)k_h k_l) + \\ k_h^2 \Omega^2 (8B_2(1-\theta^2)k_l - A_2\gamma^2) \\ +4k_l^2(4B_3(1-\theta^2)k_h - A_3\gamma^2) \end{pmatrix} / 2(4k_h A_2 - \gamma^2 B_2)^2$

证明：

首先，考虑零售商的产品定价问题。

$$\frac{\partial \Pi_R^{RM}}{\partial p_h^{RM}} = \frac{a_h - a_l\theta - 2p_h^{RM} + 2\theta p_l^{RM} + \gamma s_h^{RM} - \gamma\theta s_l^{RM} - w_h^{RM} - \theta w_l^{RM}}{1-\theta^2} = 0 \quad (3\text{-}32)$$

$$\frac{\partial \Pi_R^{RM}}{\partial p_l^{RN}} = \frac{a_l - a_h\theta + 2\theta p_h^{RM} - 2p_l^{RM} - \gamma\theta s_h^{RM} + \gamma s_l^{RM} - \theta w_h^{RM} + w_l^{RM}}{1-\theta^2} = 0 \quad (3\text{-}33)$$

求解上述零售商的一阶条件，得到零售商的零售价格关于批发价格和质保服务水平的反应函数。

$$p_h^{RM}(w_h^{RM}, w_l^{RM}, s_h^{RM}, s_l^{RM}) = \frac{1}{2}(a_h + \gamma s_h^{RN} + w_h^{RM}) \quad (3\text{-}35)$$

$$p_l^{RM}(w_h^{RM}, w_l^{RM}, s_h^{RM}, s_l^{RM}) = \frac{1}{2}(a_l + \gamma s_l^{RM} + w_l^{RM}) \quad (3\text{-}36)$$

求解海塞矩阵，

$$\begin{pmatrix} \dfrac{\partial^2 \Pi_R^{RM}}{\partial p_h^{RM^2}} & \dfrac{\partial^2 \Pi_R^{RM}}{\partial p_h^{RM} \partial p_l^{RM}} \\ \dfrac{\partial^2 \Pi_R^{RM}}{\partial p_l^{RM} \partial p_h^{RM}} & \dfrac{\partial^2 \Pi_R^{RM}}{\partial p_l^{RM^2}} \end{pmatrix} = \begin{pmatrix} -\dfrac{2}{1-\theta^2} & \dfrac{2\theta}{1-\theta^2} \\ \dfrac{2\theta}{1-\theta^2} & -\dfrac{2}{1-\theta^2} \end{pmatrix}$$

可以判断出海塞矩阵负定,满足二阶条件。

其次,考虑零售商对于高质量产品的质保策略,将 $p_h^{RM}(w_h^{RM}, w_l^{RM}, s_h^{RM}, s_l^{RM})$ 和 $p_l^{RM}(w_h^{RM}, w_l^{RM}, s_h^{RM}, s_l^{RM})$ 代入零售商的利润函数可得 $\Pi_R^{RM}(w_h^{RM}, w_l^{RM}, s_h^{RM}, s_l^{RM})$,令 $\dfrac{\partial^2 \Pi_R^{RM}(w_h^{RM}, w_l^{RM}, s_h^{RM}, s_l^{RM})}{\partial s_h^{RM}} = 0$,得零售商对高质量产品的服务水平关于批发价格和制造商对低质量产品的服务水平的反应函数为

$$s_h^{RM}(w_h^{RM}, w_l^{RM}, s_l^{RM}) = \dfrac{\gamma(-a_h + \theta(a_l + \gamma s_l^{RM} - w_l^{RM}) + w_h^{RM})}{\gamma^2 - 4(1-\theta^2)k_l} \tag{3-36}$$

对 Π_R^{RM} 关于 s_h^{RM} 求二阶偏导, $\dfrac{\partial^2 \Pi_R^{RM}}{\partial s_h^{RM^2}} = \dfrac{\gamma^2 - 4(1-\theta^2)k_h}{2 - 2\theta^2} < 0$,满足二阶条件。

将 $s_h^{RM}(w_h^{RM}, w_l^{RM}, s_l^{RM})$ 代入 $\Pi_M^{RM}(w_h^{RM}, w_l^{RM}, s_l^{RM})$ 得到批发价格关于制造商对低质量产品的质保服务水平的反应函数为

$$w_h^{RM}(s_l^{RM}) = \dfrac{a_h + c_h}{2} \tag{3-37}$$

$$w_l^{RM}(s_l^{RM}) = \dfrac{1}{2}(a_l + c_l + \gamma s_l^{RM}) \tag{3-38}$$

求解海塞矩阵

$$\begin{pmatrix} \dfrac{\partial^2 \Pi_M^{RM}}{\partial w_h^{RM^2}} & \dfrac{\partial^2 \Pi_M^{RM}}{\partial w_h^{RM} \partial w_l^{RM}} \\ \dfrac{\partial^2 \Pi_M^{RM}}{\partial w_l^{RM} \partial w_h^{RM}} & \dfrac{\partial^2 \Pi_M^{RM}}{\partial w_l^{RM^2}} \end{pmatrix} = \begin{pmatrix} \dfrac{4k_h}{\gamma^2 - 4(1-\theta^2)k_h} & -\dfrac{4\theta k_h}{\gamma^2 - 4(1-\theta^2)k_h} \\ -\dfrac{4\theta k_h}{\gamma^2 - 4(1-\theta^2)k_h} & \dfrac{8k_h - 2\gamma^2}{\gamma^2 - 4(1-\theta^2)k_h} \end{pmatrix}$$

由上节对参数 k_i 的假设可知,海塞矩阵负定,满足二阶条件。

将 $w_h^{RM}(s_l^{RM})$ 与 $w_l^{RM}(s_l^{RM})$ 代入 $\Pi_M^{RM}(s_l^{RM})$,得到制造商对于高质量产品的质保策略最优解 $s_l^{RM^*}$。

对 Π_M^{MR} 关于 s_l^{RM} 求二阶偏导，$\dfrac{\partial^2 \Pi_M^{RM}}{\partial s_l^{MR^2}} = \dfrac{\gamma^4 - 4k_h\left(\gamma^2 - 8(1-\theta^2)k_l\right) - 8\gamma^2 k_l}{4\gamma^2 - 16(1-\theta^2)k_h} < 0$，

满足二阶条件。

最后，将 $s_l^{RM^*}$ 代回各个决策变量的反应函数中，即可得到制造商和零售商的最优策略。

3.4 不同质保服务策略比较

3.4.1 不同策略下最优质保服务水平的比较与分析

本节主要探讨分析供应链成员的质保服务策略，对于不同策略和不同质量产品的质保服务进行详细的讨论。首先比较同一策略下不同质量产品的质保服务水平差异，具体结果如定理3.5所示。

定理3.5 在同一策略下，高、低质量产品的最优质保服务策略比较如下。

(a) 在策略 M 中，$s_h^M > s_l^M$，当且仅当 $\Omega > \psi^M = \dfrac{B_1 + 8\theta k_l}{B_2 + 8\theta k_h}$。

(b) 在策略 R 中，$s_h^R > s_l^R$，当且仅当 $\Omega > \psi^R = \dfrac{B_3 + 4\theta k_l}{B_4 + 4\theta k_h}$。

(c) 在策略 MR 中，$s_h^{MR} > s_l^{MR}$，当且仅当 $\Omega > \psi^{MR} = \dfrac{B_1 + 8\theta k_l}{2B_4 + 8\theta k_h}$。

(d) 在策略 RM 中，$s_h^{RM} > s_l^{RM}$，当且仅当 $\Omega > \psi^{RM} = \dfrac{B_3 + 4\theta k_l}{B_2 + 8\theta k_h}$。

证明：

下面，分别比较4个质保服策略下的高质量产品和低质量产品的质保服务水平。

(a) 在制造商策略中，$\Delta s_{hl}^M = s_h^M - s_l^M$，令 $\Delta s_{hl}^M = 0$，可以求得

$a_h = c_h + \dfrac{(a_l - c_l)(8k_h + 8\theta k_l - \gamma^2)}{8\theta k_h + 8k_l - \gamma^2}$。下面判 Δs_{hl}^M 的单调性。

$$\dfrac{\partial \Delta s_{hl}^M}{\partial a_h} = \dfrac{\gamma(\gamma^2 - 8\theta k_h - 8k_l)}{8k_h(\gamma^2 - 8(1-\theta^2)k_l) + 8\gamma^2 k_l - \gamma^4} \tag{3-39}$$

由上节对参数 k_i 的假设，可以判断出上式大于 0，Δs_{hl}^M 关于 a_h 单增。所以有，当 $a_h > c_h + \dfrac{(a_l - c_l)(8k_h + 8\theta k_l - \gamma^2)}{8\theta k_h + 8k_l - \gamma^2}$，也就是 $\Omega > \psi^M$，有 $s_h^M > s_l^M$；

(b) 在制造商策略中，$\Delta s_{hl}^R = s_h^R - s_l^R$，令 $\Delta s_{hl}^R = 0$，可以求得

$$a_h = c_h + \frac{(a_l - c_l)(4k_h + 4\theta k_l - \gamma^2)}{4\theta k_h + 4k_l - \gamma^2}$$

下面判断 Δs_{hl}^R 的单调性。

$$\frac{\partial \Delta s_{hl}^R}{\partial a_h} = \frac{\gamma(\gamma^2 - 4\theta k_h - 4k_l)}{8k_h(\gamma^2 - 4(1-\theta^2)k_l) + 8\gamma^2 k_l - 2\gamma^4} \tag{3-40}$$

由上节对参数 k_i 的假设，可以判断出上式大于 0，Δs_{hl}^R 关于 a_h 单增。所以有，当 $a_h > c_h + \dfrac{(a_l - c_l)(4k_h + 4\theta k_l - \gamma^2)}{4\theta k_h + 4k_l - \gamma^2}$，也就是 $\Omega > \psi^R$，有 $s_h^R > s_l^R$。

(c) 在制造商零售商策略中，$\Delta s_{hl}^{MR} = s_h^{MR} - s_l^{MR}$，令 $\Delta s_{hl}^{MR} = 0$，可以求得 $a_h = c_h + \dfrac{(a_l - c_l)(8k_h + 8\theta k_l - \gamma^2)}{8\theta k_h + 8k_l - 2\gamma^2}$。下面判断 Δs_{hl}^{MR} 的单调性。

$$\frac{\partial \Delta s_{hl}^{MR}}{\partial a_h} = \frac{\gamma(2\gamma^2 - 8\theta k_h - 8k_l)}{16k_h(\gamma^2 - 4(1-\theta^2)k_l) + 8\gamma^2 k_l - 2\gamma^4} \tag{3-41}$$

由上节对参数 k_i 的假设，可以判断出上式大于 0，Δs_{hl}^{MR} 关于 a_h 单增。所以有，当 $a_h > c_h + \dfrac{(a_l - c_l)(8k_h + 8\theta k_l - \gamma^2)}{8\theta k_h + 8k_l - 2\gamma^2}$，也就是 $\Omega > \psi^{MR}$，有 $s_h^{MR} > s_l^{MR}$；

(d) 在零售商制造商策略中，$\Delta s_{hl}^{RM} = s_h^{RM} - s_l^{RM}$，令 $\Delta s_{hl}^{RM} = 0$，可以求得 $a_h = c_h + \dfrac{(a_l - c_l)(8k_h + 8\theta k_l - \gamma^2)}{8\theta k_h + 8k_l - 2\gamma^2}$。下面判 Δs_{hl}^{RM} 的单调性。

$$\frac{\partial \Delta s_{hl}^{RM}}{\partial a_h} = \frac{\gamma(2\gamma^2 - 8\theta k_h - 8k_l)}{16k_h(\gamma^2 - 4(1-\theta^2)k_l) + 8\gamma^2 k_l - 2\gamma^4} \tag{3-42}$$

由上节对参数 k_i 的假设，可以判断出上式大于 0，Δs_{hl}^{RM} 关于 a_h 单增。所以有，当 $a_h > c_h + \dfrac{(a_l - c_l)(8k_h + 8\theta k_l - \gamma^2)}{8\theta k_h + 8k_l - 2\gamma^2}$，也就是 $\Omega > \psi^{RM}$，有 $s_h^{RM} > s_l^{RM}$。

通过分别比较 4 个质保服务策略中服务代理商对高、低质量产品的服务水

平,观察到,当高质量产品的生产效率足够大时,相较于低质量产品,服务提供商在4个质保策略中均会为高质量产品的消费者提供更优质的质保服务;反之亦然。基础市场份额和生产成本的相对优势使得制造商有更多的潜在利润,所以可以承担高额的售后成本。另外,通过比较4种情况下的边界值,可以得到$\psi^{MR} > \psi^M > \psi^R > \psi^{RM}$。这显示了高质量产品的消费者更可能会在零售商处享受到更优质的质保服务。

下面,比较高、低质量产品分别在不同策略下的质保服务水平。

定理 3.6 高、低质量产品的最优质保服务水平在不同服务渠道下分别满足如下顺序。

(a) 对于高质量产品,如果 $\Omega \in (\psi_1, \tilde{\psi}^1)$,有 $s_h^{MR} < s_h^R < s_h^M < s_h^{RM}$;如果 $\Omega \in (\tilde{\psi}^1, \psi_2)$,有 $s_h^{MR} < s_h^M < s_h^R < s_h^{RM}$。

(b) 对于低质量产品,如果 $\Omega \in (\psi_1, \tilde{\psi}^2)$,有 $s_l^{RM} < s_l^M < s_l^R < s_l^{MR}$;如果 $\Omega \in (\Omega_2, \tilde{\psi}^2)$,有 $s_l^{RM} < s_l^R < s_l^M < s_l^{MR}$。

其中 $\tilde{\psi}^1 = \dfrac{4\theta k_l (8k_h + 8k_l - 3\gamma^2)}{\gamma^4 + 4k_l (8\theta^2 k_h + 8k_l - 3\gamma^2)}$,$\tilde{\psi}^2 = \dfrac{\gamma^4 + 4k_h (8k_h + 8\theta^2 k_l - 3\gamma^2)}{4\theta k_h (8k_h + 8k_l - 3\gamma^2)}$。

证明:

(a) 对于高质量产品

(i) 策略 M 与策略 MR 下的最优质保服务水平比较。

$\Delta s_h^{M-MR} = s_h^M - s_h^{MR}$,令 $\Delta s_h^{M-MR} = 0$,可以求得 $a_h = c_h + \dfrac{(a_l - c_l)(8k_h - \gamma^2)}{8\theta k_h}$。

下面判断 Δs_h^{M-MR} 的单调性。

$$\frac{\partial \Delta s_h^{M-MR}}{\partial a_h} = -\frac{32\gamma^3 \theta^2 k_h k_l}{(\gamma^2 B_4 - 8k_h A_3)(\gamma^2 B_2 - 8k_h A_2)} \tag{3-43}$$

由上节对参数 k_i 的假设,可以判断出上式小于 0,Δs_h^{M-MR} 关于 a_h 单减。所以有,当 $a_h < c_h + \dfrac{(a_l - c_l)(8k_h - \gamma^2)}{8\theta k_h}$,即 $\Omega < \dfrac{8k_h - \gamma^2}{8k_h \theta}$,$s_h^M > s_h^{MR}$。回忆上节对 Ω 的假设,所以一直有 $\Omega < \dfrac{8k_h - \gamma^2}{8k_h \theta}$,即 $\Omega < \dfrac{8k_h - \gamma^2}{8k_h \theta}$。

(ii) 策略 R 与策略 MR 下的最优质保服务水平比较:

$\Delta s_h^{R-MR} = s_h^R - s_h^{MR}$,令 $\Delta s_h^{R-MR} = 0$,可以求得 $a_h = c_h + \dfrac{4\theta k_l(a_l - c_l)}{4k_l - \gamma^2}$。下面判断 Δs_h^{R-MR} 的单调性。

$$\frac{\partial \Delta s_h^{R-MR}}{\partial a_h} = \frac{\gamma^3 B_4^2}{2(B_4\gamma^2 - 4A_4 k_h)(B_4\gamma^2 - 8A_4 k_h)} \tag{3-44}$$

由上节对参数 k_i 的假设,可以判断出上式大于0,Δs_h^{R-MR} 关于 a_h 单增。所以有,当 $a_h > c_h + \dfrac{4\theta k_l(a_l - c_l)}{4k_l - \gamma^2}$,即 $\Omega > \dfrac{4k_l\theta}{4k_l - \gamma^2}$,$s_h^R > s_h^{MR}$。回忆上节对 Ω 的假设,所以一直有 $\Omega > \dfrac{4k_l\theta}{4k_l - \gamma^2}$,即 $s_h^R > s_h^{MR}$。

(iii)策略 M 与策略 MR 下的最优质保服务水平比较。

$\Delta s_h^{M-R} = s_h^M - s_h^R$,令 $\Delta s_h^{M-R} = 0$,可以求得 $a_h = c_h + \dfrac{4\theta k_l(a_l - c_l)(8k_h + 8k_l - 3\gamma^2)}{\gamma^4 + 32\theta^2 k_h k_l + 32k_l^2 - 12\gamma^2 k_l}$。下面判断 Δs_h^{M-R} 的单调性。

$$\frac{\partial \Delta s_h^{M-R}}{\partial a_h} = -\frac{\gamma^3(B_2 B_4 + 32\theta^2 k_h k_l)}{2(B_2\gamma^2 - 8A_2 k_h)(B_4\gamma^2 - 4A_4 k_h)} \tag{3-45}$$

由上节对参数 k_i 的假设,可以判断出上式小于0,Δs_h^{M-R} 关于 a_h 单减。所以有,当 $a_h < c_h + \dfrac{4\theta k_l(a_l - c_l)(8k_h + 8k_l - 3\gamma^2)}{\gamma^4 + 32\theta^2 k_h k_l + 32k_l^2 - 12\gamma^2 k_l}$,即 $\Omega < \widetilde{\psi^1}$,$s_h^M > s_h^R$,否则,$s_h^M < s_h^R$。

(iv)策略 M 与策略 RM 下的最优质保服务水平比较:

$\Delta s_h^{M-RM} = s_h^M - s_h^{RM}$,令 $\Delta s_h^{M-RM} = 0$,可以求得 $a_h = c_h + \dfrac{8\theta k_l(a_l - c_l)}{8k_l - \gamma^2}$。下面判断 Δs_h^{M-RM} 的单调性。

$$\frac{\partial \Delta s_h^{M-RM}}{\partial a_h} = -\frac{\gamma^3 B_2^2}{2(B_2\gamma^2 - 4A_2 k_h)(B_2\gamma^2 - 8A_2 k_h)} \tag{3-46}$$

由上节对参数 k_i 的假设,可以判断出上式小于0,Δs_h^{M-RM} 关于 a_h 单减。所以当 $a_h > c_h + \dfrac{8\theta k_l(a_l - c_l)}{8k_l - \gamma^2}$,即 $\Omega > \dfrac{8\theta k_l}{8k_l - \gamma^2}$,$s_h^M < s_h^{RM}$。回忆上节对 Ω 的假设,所以一

直有 $\Omega > \dfrac{8\theta k_l}{8k_l - \gamma^2}$，即 $s_h^M < s_h^{RM}$。

(v) 策略 R 与策略 RM 下的最优质保服务水平比较：

$\Delta s_h^{R-RM} = s_h^R - s_h^{RM}$，令 $\Delta s_h^{R-RM} = 0$，可以求得 $a_h = c_h + \dfrac{(a_l - c_l)(4k_h - \gamma^2)}{4\theta k_h}$。下面判断 Δs_h^{R-RM} 的单调性。

$$\frac{\partial \Delta s_h^{R-RM}}{\partial a_h} = \frac{8\gamma^3 \theta^2 k_h k_l}{(B_2 \gamma^2 - 4A_2 k_l)(B_4 \gamma^2 - 4A_4 k_h)} \tag{3-47}$$

由上节对参数 k_i 的假设，可以判断出上式大于 0，Δs_h^{R-RM} 关于 a_h 单增。所以有，当 $a_h < \dfrac{(a_l - c_l)(4k_h - \gamma^2)}{4\theta k_h}$，即 $\Omega < \dfrac{4k_h - \gamma^2}{4\theta k_h}$，$s_h^R < s_h^{RM}$。回忆上节对 Ω 的假设，所以一直有 $\Omega < \dfrac{4k_h - \gamma^2}{4\theta k_h}$，即 $s_h^R < s_h^{RM}$。

综上，定理 3.6(a) 得证。

(b) 对于低质量产品的证明同 (a)，因此此处省略。

通过定理 3.6 可以观察到，对于高质量产品的消费者来说，在策略 RM 下可以享受最优质的质保服务，而在策略 MR 下则要面临最低的质保服务水平。但是对于低质量产品的消费者而言，则恰恰相反。质保服务作为一种增值服务，拥有正向溢出效用，无论是制造商还是零售商提供质保服务，整个供应链下的所有成员都会从中受益。在策略 RM 下，制造商虽然将高质量产品的售后服务外包给零售商，但是作为斯坦伯格领导者，可以通过提供一个合适的批发价格来激励零售商提供更好的服务质量，这样制造商就可以降低低质量产品的售后服务水平，以达到节省售后服务成本的目的，最终最大程度地提升自身的利润。

另一方面，对于两种产品而言，只有当产品的相对生产效率较小时，消费者才会在策略 M 下享受到比策略 R 下更优质的质保服务。在策略 R 下，制造商将售后服务外包给零售商，导致零售商可以同时决策两种产品的质保服务水平和零售价格，这样就给予了零售商更大的决策权，使得他可以更加灵活地向更有效率的产品倾斜售后服务资源。但是对于斯坦伯格领导者的制造商而言，两种产品相对平衡会更有利于自身整体利润，因此当产品的相对生产效率较小时，制造商会为消费者提供更加优质的服务。

可以注意到,上述定理不同于Li等[158]的研究结论。具体来说,Li等[158]的研究表明制造商会为消费者提供最优质的服务,但是本章的结论则恰恰相反:制造商只为竞品提供质保服务,而将本产品外包给零售商时,会为消费者带来最高的服务水平。结论上的差异是因为他们聚焦在单一产品的研究中,而本书则考虑了高、低两种不同质量的产品,涉及同一个供应链下的产品内部竞争问题,因此结论也会有所不同。

通过对个人电脑行业的调研发现,同品牌生产的不同类型的电脑基础功能基本一致,但是性能、外观、配置、零部件质量等有所差异,因此本书假定两者的产品可替代性中等,即参数 $\theta = 0.5$。另外,因为电脑预期使用寿命较长、售后次数较多,所以消费者会十分看重售后服务质量,因此本书设定市场需求对服务水平的敏感系数较高,即 $\gamma = 1.2$。图3-6和3-7进一步展示了定理3.6中得到的结论。实线表示相对生产效率系数 Ω 的上下边界值(见3.2.3节的符号与假设)。短横线是分别由 $s_h^R = s_h^M$ 和 $s_l^R = s_l^M$ 定义的边界线。通过图3-6和3-7可以发现,Ω 的边界值随着系数 k_h 的增加而增加,但是随着系数 k_l 的增加而降低。也就是说,无论哪种产品的质保服务成本系数增加,都会使得策略M比策略R提供优质服务的概率增高。此外,随着 k_l 增加,Ω 的上限也在上移,扩大了供应链成员的决策空间。

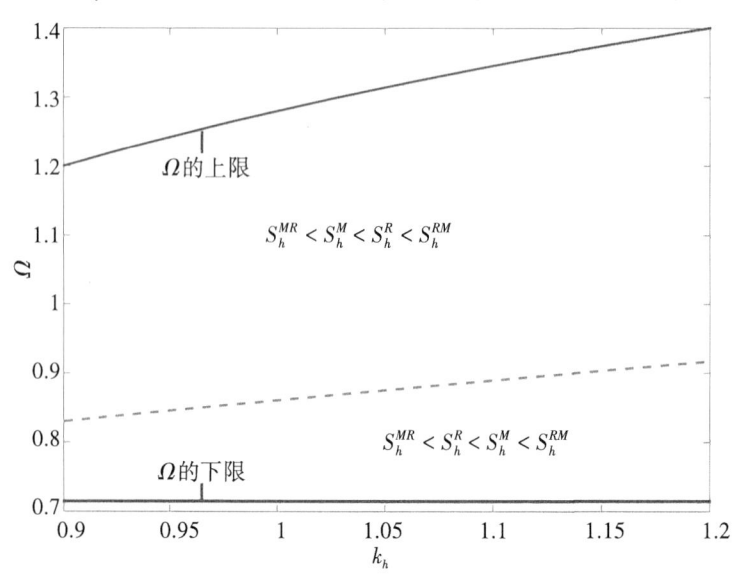

图3-6 高质量产品的最优质保服务比较($k_l = 1.2$)

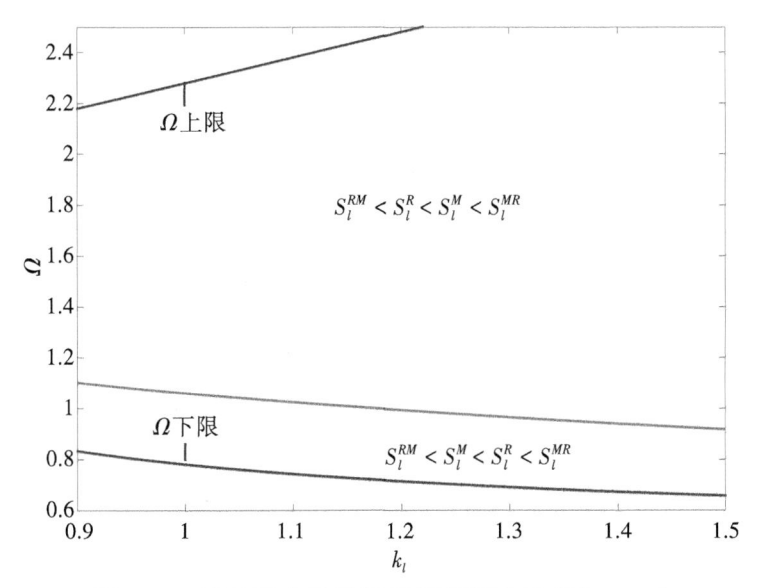

图 3-7 低质量产品的最优质保服务比较($k_l = 1$)

3.4.2 不同策略下最优零售价格的比较与分析

定价直接决定了供应链成员的收入,是企业的关键决策变量,本节分别讨论同一策略下的高、低质量产品的定价策略,以及不同策略下同一产品的定价决策。定理 3.7 和 3.8 总结了比较结果。

定理 3.7 在同一策略下,高、低质量产品的最优零售价格比较如下。

(a) 在策略 M 中,$p_h^M > p_l^M$,当且仅当

$$a_h > c_h + \frac{(c_h - c_l)(B_1\gamma^2 - 2A_1k_l + 6\gamma^2\theta k_l) + 6(1-\theta)k_l(a_l - c_h)(B_1 + 8\theta k_h)}{6(1-\theta)k_h(8(\theta+1)k_l - \gamma^2)}。$$

(b) 在策略 R 中,$p_h^R > p_l^R$,当且仅当

$$a_h > c_h + \frac{(a_l - 2c_h + c_l)(6A_3k_l + 2\gamma^2\theta k_l - B_3\gamma^2) + 4k_l(c_h - c_l)(A_3 + \gamma^2\theta)}{6k_hA_4 + \gamma^4 + 2\gamma^2\theta k_h - 4\gamma^2 k_l}。$$

(c) 在策略 MR 中,$p_h^{MR} > p_l^{MR}$,当且仅当

$$a_h > c_h + \frac{(a_l - 2c_h + c_l)(6A_1k_l + 6\gamma^2\theta k_l - B_1\gamma^2) + 4k_l(c_h - c_l)(A_1 + 3\gamma^2\theta)}{12A_4k_h + 4\gamma^2\theta k_h}。$$

(d)在策略 RM 中,$p_h^{RM} > p_l^{RM}$,当且仅当

$$a_h > c_h + \frac{4k_l(a_l - c_h)(3A_3 + \gamma^2\theta) + 2(c_h - c_l)(B_3\gamma^2 - 2A_3k_l + 2\gamma^2\theta k_l)}{6A_2k_h - B_2\gamma^2 + 6\gamma^2\theta k_h}。$$

证明：

(a) $\Delta p_{hl}^M = p_h^M - p_l^M$,令 $\Delta p_{hl}^M = 0$,可以求得边界值。下面判断 Δp_{hl}^M 的单调性。

$$\frac{\partial \Delta p_{hl}^M}{\partial a_h} = \frac{6(1-\theta)k_h(8(1+\theta)k_l - \gamma^2)}{8k_h(8(1-\theta^2)k_l - \gamma^2) + \gamma^4 - 8\gamma^2 k_l} \tag{3-48}$$

由上节对参数 k_i 的假设,可以判断出上式大于 0,Δp_{hl}^M 关于 a_h 单增。所以有,当 a_h 大于边界值,$p_h^M > p_l^M$;

(b) $\Delta p_{hl}^R = p_h^R - p_l^R$,令 $\Delta p_{hl}^R = 0$,可以求得边界值。下面判断 Δp_{hl}^R 的单调性。

$$\frac{\partial \Delta p_{hl}^R}{\partial a_h} = \frac{2k_h(12(1-\theta^2)k_l - \gamma^2(3-\theta)) + 4k_l\gamma^2 - \gamma^4}{8k_h(4(1-\theta^2)k_l - \gamma^2) - 8\gamma^2 k_l + 2\gamma^4} \tag{3-49}$$

由上节对参数 k_i 的假设,可以判断出上式大于 0,Δp_{hl}^R 关于 a_h 单增。所以有,当 a_h 大于边界值,$p_h^R > p_l^R$;

(c) $\Delta p_{hl}^{MR} = p_h^{MR} - p_l^{MR}$,令 $\Delta p_{hl}^{MR} = 0$,可以求得边界值。下面判断 Δp_{hl}^{MR} 的单调性。

$$\frac{\partial \Delta p_{hl}^{MR}}{\partial a_h} = \frac{2k_h(12(1-\theta^2)k_l - \gamma^2(3-\theta))}{8k_h(4(1-\theta^2)k_l - \gamma^2) + \gamma^4 - 4\gamma^2 k_l} \tag{3-50}$$

由上节对参数 k_i 的假设,可以判断出上式大于 0,Δp_{hl}^{MR} 关于 a_h 单增。所以有,当 a_h 大于边界值,$p_h^{MR} > p_l^{MR}$;

(d) $\Delta p_{hl}^{RM} = p_h^{RM} - p_l^{RM}$,令 $\Delta p_{hl}^{RM} = 0$,可以求得边界值。下面判断 Δp_{hl}^{RM} 的单调性。

$$\frac{\partial \Delta p_{hl}^{RM}}{\partial a_h} = \frac{6(1-\theta)k_h(8(1+\theta)k_l - \gamma^2) + \gamma^4 - 8\gamma^2 k_l}{8k_h(8(1-\theta^2)k_l - \gamma^2) - 16k_l\gamma^2 + 2\gamma^4} \tag{3-51}$$

由上节对参数 k_i 的假设,可以判断出上式大于 0,Δp_{hl}^{RM} 关于 a_h 单增。所以有,当 a_h 大于边界值,$p_h^{RM} > p_l^{RM}$。

定理 3.7 指出,当高质量产品的基础市场规模相对较小时,通过比较 4 种策略下的不同质量产品的定价决策,可以发现低质量产品的定价高于高质量产品,反

之亦然。较大的市场规模扩大了零售商的定价空间,使得零售商可以适当地提升价格,增加收入。而较小的市场规模在根本上就无法产生竞争优势,此时零售商需要借助低廉的价格吸引消费者购买产品,以维持销量。

定理3.8 高、低质量产品的最优零售价格在不同服务渠道下分别满足如下顺序:

(a)对于高质量产品

(i) 当 $k_h \in (\phi, \widetilde{\phi^1})$: 如果 $\Omega \in (\psi_1, \widetilde{\psi^3})$, $p_h^{MR} < p_h^R < p_h^M < p_h^{RM}$, 如果 $\Omega \in (\widetilde{\psi^3}, \psi_2)$, $p_h^{MR} < p_h^M < p_h^R < p_h^{RM}$。

当 $k_h \in (\widetilde{\phi^1}, \widetilde{\phi^2})$: $p_h^{MR} < p_h^R < p_h^{RM} < p_h^M$。

(iii) 当 $k_h \in (\widetilde{\phi^2}, k_l)$: 如果 $\Omega \in (\psi_1, \widetilde{\psi^4})$, $p_h^R < p_h^{MR} < p_h^{RM} < p_h^M$, 如果 $\Omega \in (\widetilde{\psi^4}, \psi_2)$, $p_h^R < p_h^{RM} < p_h^{MR} < p_h^M$。

(b)对于低质量产品

(i) 当 $k_l \in (\phi, \widetilde{\phi^3})$: 如果 $\Omega \in (\psi_1, \widetilde{\psi^5})$, $p_l^{RM} < p_l^M < p_l^R < p_l^{MR}$, 如果 $\Omega \in (\widetilde{\psi^5}, \psi_2)$, $p_l^{RM} < p_l^R < p_l^M < p_l^{MR}$。

(ii) 当 $k_l \in (\widetilde{\phi^3}, \widetilde{\phi^4})$: $p_l^{RM} < p_l^R < p_l^{MR} < p_l^M$。

(iii) 当 $k_l > \widetilde{\phi^4}$: 如果 $\Omega \in (\psi_1, \widetilde{\psi^6})$, $p_l^R < p_l^{MR} < p_l^{RM} < p_l^M$, 如果 $\Omega \in (\widetilde{\psi^6}, \psi_2)$, $p_l^R < p_l^{RM} < p_l^{MR} < p_l^M$。

其中 $\widetilde{\phi^1} = \dfrac{\gamma^2 B_2}{2A_2}, \widetilde{\phi^2} = \dfrac{\gamma^2 B_4}{2A_4}, \widetilde{\phi^3} = \dfrac{\gamma^2 B_1}{2A_1}, \widetilde{\phi^4} = \dfrac{\gamma^2 B_3}{2A_3}$,

$$\widetilde{\psi^3} = \frac{2\theta k_l (B_1 \gamma^2 + 4B_4 \gamma^2 - 8A_4 k_h)}{8k_h k_l (\gamma^2 \theta^2 - 2A_4) + B_4 \gamma^2 (B_2 + 2k_h)},$$

$$\widetilde{\psi^4} = \frac{2\theta k_l (B_2 \gamma^2 - 8A_3 k_l - 4\gamma^2 k_h)}{B_2 B_4 \gamma^2 - 2k_h (4k_l A_2 - 16(1-\theta^2) k_l \gamma^2 + \gamma^4)},$$

$$\widetilde{\psi^5} = \frac{8k_h k_l (\gamma^2 \theta^2 - 2A_3) + B_3 \gamma^2 (B_1 + 2k_l)}{2\theta k_l (B_1 \gamma^2 + 4B_4 \gamma^2 - 8A_4 k_h)},$$

$$\widetilde{\psi^6} = \frac{B_1 B_3 \gamma^2 - 2k_l (4k_l A_1 - 16(1-\theta^2) k_l \gamma^2 + \gamma^4)}{2\theta k_h (B_1 \gamma^2 - 8A_4 k_h - 4\gamma^2 k_l)}。$$

证明：

(a)对于高质量产品

(i)策略 M 和策略 R 最优零售价格比较。

$\Delta p_h^{M-R} = p_h^M - p_h^R$，令 $\Delta p_h^{M-R} = 0$，可以求得 $a_h = c_h + \dfrac{2\theta k_l (a_l - c_l)(B_1 \gamma^2 + 4B_4 \gamma^2 - 8A_4 k_h)}{8 k_h k_l (\gamma^2 \theta^2 - 2A_4) + B_4 \gamma^2 (B_2 + 2k_h)}$。下面判断 p_h^{M-R} 的单调性。

$$\frac{\partial \Delta p_h^{M-R}}{\partial a_h} = -\frac{B_2 B_4 \gamma^4 + 2\gamma^2 k_h (B_4 \gamma^2 + 4\gamma^2 \theta^2 k_l - 8A_4 k_l)}{2(8A_2 k_h - B_2 \gamma^2)(4A_4 k_h - B_4 \gamma^2)}. \tag{3-52}$$

(1)当 $k_h \in (\phi, \widetilde{\phi^1})$，上式小于 0，$\Delta p_h^{M-R}$ 关于 a_h 单减。所以有，当 a_h 小于边界值，即 $\Omega < \psi^3$，$p_h^M > p_h^R$，而当 $\Omega > \psi^3$，$p_h^M < p_h^R$。

(2)当 $k_h \in \left(\widetilde{\phi^1}, \dfrac{\gamma^2(\gamma^4 + 32k_l^2 - 12\gamma^2 k_l)}{2\gamma^4 + 64(1-\theta^2)k_l^2 - 24\gamma^2(\theta^2 + 3)k_l}\right)$，上式小于 0，$\Delta p_h^{M-R}$ 关于 a_h 单减。所以有，当 a_h 小于边界值，即 $\Omega < \psi^3$，$p_h^M > p_h^R$。在此情形下，一直有 $\Omega < \psi^3$，所以 $p_h^M > p_h^R$。

(3)当 $k_h \in \left(\dfrac{\gamma^2(\gamma^4 + 32k_l^2 - 12\gamma^2 k_l)}{2\gamma^4 + 64(1-\theta^2)k_l^2 - 24\gamma^2(\theta^2 + 3)k_l}, k_l\right)$，上式大于 0，$\Delta p_h^{M-R}$ 关于 a_h 单增。所以有，当 a_h 大于边界值，即 $\Omega > \psi^3$，$p_h^M > p_h^R$。在此情形下，一直有 $\Omega > \psi^3$，所以 $p_h^M > p_h^R$。

综上，当 $k_h \in (\phi, \widetilde{\phi^1})$，如果 $\Omega \in (\psi_1, \widetilde{\psi^3})$，$p_h^M > p_h^R$，如果 $\Omega \in (\widetilde{\psi^3}, \psi_2)$，$p_h^M < p_h^R$；当 $k_h \in (\widetilde{\phi^1}, k_l)$，$p_h^M > p_h^R$。

(ii)策略 M 和策略 MR 最优零售价格比较。

$\Delta p_h^{M-MR} = p_h^M - p_h^{MR}$，令 $\Delta p_h^{M-MR} = 0$，可以求得 $a_h = c_h + \dfrac{(a_l - c_l)(8k_h - \gamma^2)}{8\theta k_h}$。下面判断 p_h^{M-MR} 的单调性。

$$\frac{\partial \Delta p_h^{M-MR}}{\partial a_h} = -\frac{24\gamma^4 \theta^2 k_h k_l}{(8k_h A_4 + \gamma^4 - 4\gamma^2 k_l)(8k_h A_2 + \gamma^4 - 8\gamma^2 k_l)}. \tag{3-53}$$

由上节对参数 k_l 的假设，可以判断出上式小于 0，Δp_h^{M-MR} 关于 a_h 单减。所以有，当 a_h 小于边界值，即 $\Omega < \dfrac{8k_h - \gamma^2}{8\theta k_h}$，$p_h^M > p_h^{MR}$。回忆上节对 Ω 的假设，所以一直有 $\Omega < \dfrac{8k_h - \gamma^2}{8k_h\theta}$，即 $p_h^M > p_h^{MR}$。

(iii) 策略 M 和策略 RM 最优零售价格比较。

$\Delta p_h^{M-RM} = p_h^M - p_h^{RM}$，令 $\Delta p_h^{M-RM} = 0$，可以求得 $a_h = c_h + \dfrac{8\theta k_l(a_l - c_l)}{8k_l - \gamma^2}$。下面判断 p_h^{M-RM} 的单调性。

$$\frac{\partial \Delta p_h^{M-RM}}{\partial a_h} = \frac{\gamma^2(8k_l - \gamma^2)(2A_2 k_h - B_2\gamma^2)}{2(4A_2 k_h - B_2\gamma^2)(8A_2 k_h - B_2\gamma^2)} \qquad (3\text{-}54)$$

(1) 当 $k_h \in (\phi, \widetilde{\phi^1})$，上式小于 0，$\Delta p_h^{M-RM}$ 关于 a_h 单减。所以有，当 a_h 大于边界值，即 $\Omega > \dfrac{8k_l\theta}{8k_l - \gamma^2}$，$p_h^M < p_h^{RM}$。在此情形下，一直有 $\Omega > \dfrac{8k_l\theta}{8k_l - \gamma^2}$，所以 $p_h^M < p_h^{RM}$；

(2) 当 $k_h \in (\widetilde{\phi^1}, k_l)$，上式大于 0，$\Delta p_h^{M-RM}$ 关于 a_h 单增。所以有，当 a_h 大于边界值，即 $\Omega > \dfrac{8k_l\theta}{8k_l - \gamma^2}$，$p_h^M > p_h^{RM}$。在此情形下，一直有 $\Omega > \dfrac{8k_l\theta}{8k_l - \gamma^2}$，所以 $p_h^M > p_h^{RM}$。

(iv) 策略 R 和策略 MR 最优零售价格比较。

$\Delta p_h^{R-MR} = p_h^R - p_h^{MR}$，令 $\Delta p_h^{R-MR} = 0$，可以求得 $a_h = c_h + \dfrac{4k_l\theta(a_l - c_l)}{4k_l - \gamma^2}$。下面判断 p_h^{R-MR} 的单调性。

$$\frac{\partial \Delta p_h^{R-MR}}{\partial a_h} = \frac{B_4\gamma^2(B_4\gamma^2 - 2A_4 k_h)}{2(4A_4 k_h - B_4\gamma^2)(8A_4 k_h - B_4\gamma^2)} \qquad (3\text{-}55)$$

(1) 当 $k_h \in (\phi, \widetilde{\phi^2})$，上式大于 0，$p_h^{R-MR}$ 关于 a_h 单增。所以有，当 a_h 大于边界值，即 $\Omega > \dfrac{4k_l\theta}{4k_l - \gamma^2}$，$p_h^R > p_h^{MR}$。在此情形下，一直有 $\Omega > \dfrac{4k_l\theta}{4k_l - \gamma^2}$，所以 $p_h^R > p_h^{MR}$；

(2) 当 $k_h \in (\widetilde{\phi^2}, k_l)$，上式小于 0，$\Delta p_h^{R-MR}$ 关于 a_h 单减。所以有，当 a_h 大于边界值，即 $\Omega > \dfrac{4k_l\theta}{4k_l - \gamma^2}$，$p_h^R < p_h^{MR}$。在此情形下，一直有 $\Omega > \dfrac{4k_l\theta}{4k_l - \gamma^2}$，所以 $p_h^R < p_h^{MR}$。

(v)策略R和策略RM最优零售价格比较。

$\Delta p_h^{R-RM} = p_h^R - p_h^{RM}$，令 $\Delta p_h^{R-RM} = 0$，可以求得 $a_h = c_h + \dfrac{(a_l - c_l)(4k_h - \gamma^2)}{4\theta k_h}$。下面判断 p_h^{R-RM} 的单调性。

$$\frac{\partial \Delta p_h^{R-RM}}{\partial a_h} = \frac{4\gamma^4 \theta^2 k_h k_l}{(4k_h A_3 + \gamma^4 - 4\gamma^2 k_l)(4k_h A_1 + \gamma^4 - 8\gamma^2 k_l)} \quad (3-56)$$

由上节对参数 k_i 的假设，可以判断出上式大于0，Δp_h^{R-RM} 关于 a_h 单增。所以有，当 a_h 小于边界值，即 $\Omega < \dfrac{4k_h - \gamma^2}{4\theta k_h}$，$p_h^R < p_h^{RM}$。回忆上节对 Ω 的假设，所以一直有 $\Omega < \dfrac{4k_h - \gamma^2}{4\theta k_h}$，即 $p_h^R < p_h^{RM}$。

(vi)策略MR和策略RM最优零售价格比较。

$\Delta p_h^{MR-RM} = p_h^{MR} - p_h^{RM}$，令 $\Delta p_h^{MR-RM} = 0$，可以求得 $a_h = c_h + \dfrac{2\theta k_l (a_l - c_l)(B_2 \gamma^2 - 8A_3 k_l - 4\gamma^2 k_h)}{B_2 B_4 \gamma^2 - 2k_h (16k_l (1-\theta^2)(2k_l - \gamma^2) - \gamma^2 (\gamma^2 + 4k_l))}$。下面判断 p_h^{MR-RM} 的单调性。

$$\frac{\partial \Delta p_h^{MR-RM}}{\partial a_h} = \frac{\gamma^2 (2k_h (16\gamma^2 \theta^2 k_l + 8A_4 k_l - B_4 \gamma^2) - B_2 B_4 \gamma^2)}{2(4A_2 k_h - B_2 \gamma^2)(8A_4 k_h - B_4 \gamma^2)} \quad (3-57)$$

(1)当 $k_h \in \left(\phi, \dfrac{B_2 B_4 \gamma^2}{2B_2 B_4 - 32\theta^2 k_l (2k_l - \gamma^2)}\right)$，上式小于0，$\Delta p_h^{MR-RM}$ 关于 a_h 单减。所以有，当大于边界值，即 $\Omega > \psi^4$，$p_h^{MR} < p_h^{RM}$。在此情形下，一直有 $\Omega < \psi^4$，所以 $p_h^{MR} < p_h^{RM}$。

(2)当 $k_h \in \left(\dfrac{B_2 B_4 \gamma^2}{2B_2 B_4 - 32\theta^2 k_l (2k_l - \gamma^2)}, \widetilde{\phi^2}\right)$，上式大于0，$\Delta p_h^{MR-RM}$ 关于 a_h 单增。所以有，当 a_h 小于边界值，即 $\Omega < \psi^3$，$p_h^{MR} < p_h^{RM}$。在此情形下，一直有 $\Omega < \psi^3$，所以 $p_h^{MR} < p_h^{RM}$。

(3)当 $k_h \in (\widetilde{\phi^2}, k_l)$，上式大于0，$\Delta p_h^{MR-RM}$ 关于 a_h 单增。所以有，当 a_h 小于边界值，即 $\Omega < \psi^4$，$p_h^{MR} < p_h^{RM}$，而当 $\Omega > \psi^4$，$p_h^{MR} > p_h^{RM}$。

综上,当 $k_h \in (\phi, \widetilde{\phi^2}), p_h^{MR} < p_h^{RM}$;当 $k_h \in (\widetilde{\phi^2}, k_l)$,如果 $\Omega \in (\psi_1, \widetilde{\psi^4}), p_h^{MR} < p_h^{RM}$,如果 $\Omega \in (\widetilde{\psi^4}, \psi_2), p_h^{MR} > p_h^{RM}$。

综上定理 3.8(a)得证。

(b)对于低质量产品,证明同高质量产品,此处略。

有趣的是,通过定理 3.6 与 3.8 可以观察到,虽然两种产品的消费者分别在策略 MR 和 RM 下享受到了最优质的质保服务,但是未必意味着需要承担最高的零售价格。当质保成本系数 k_i 相对较大时,两种产品的零售价格均在策略 M 下达到顶峰。在策略 M 下,由于制造商独自决定两种产品的质保服务,失去服务决策权的零售商需要通过提升定价来弥补损失。但是当参数 k_i 相对较小时,制造商的质保服务成本急剧下降,此时制造商不必通过提升批发价格来弥补售后服务成本,因此零售商可以得到一个更加低廉的进货价,自然可以降低零售价格而不必担心利润受损。但是此时在策略 MR(RM)下,零售商和制造商产生了服务竞争,为了争夺消费者,零售商需要提供更加优质的质保服务,而这会为其带来沉重的质保成本,因此零售商需要提升价格以维持高水平的售后服务。另外,通过定理 3.8 还可以发现,零售价格的比较也与产品相对生产效率相关。只有当产品的生产效率相对较高,并且质保成本系数相对较低时,相较于策略 M,零售商才会在策略 R 下制定一个更高的零售价格。综上,可以得到如下结论:对于高(低)质量产品来说,零售商在策略 RM(MR)或 M 下收取最高的零售价格,而在策略 MR(RM)或 R 下制定了最低廉的零售价格。

上述的一些结论与 Li QH 和 Li B[158]以及 Li 等人[136]的结论有显著的不同,零售商在他们的策略 M 下收取最高的零售价格。而本章则发现这个结论只有在质保成本系数相对较高时才能适用。这是因为本章研究了两种产品,它们之间的竞争关系导致结论与单个产品有所不同。

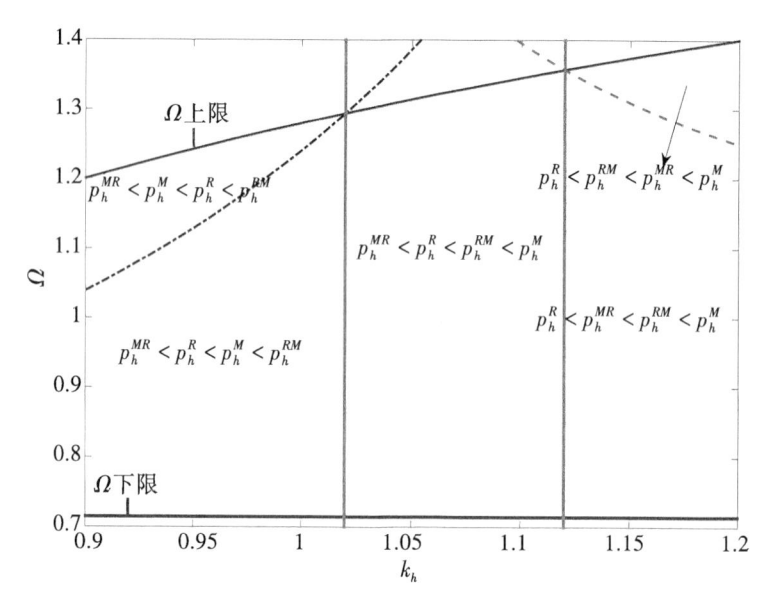

图3-8 高质量产品的最优零售价格比较($k_l = 1.2$)

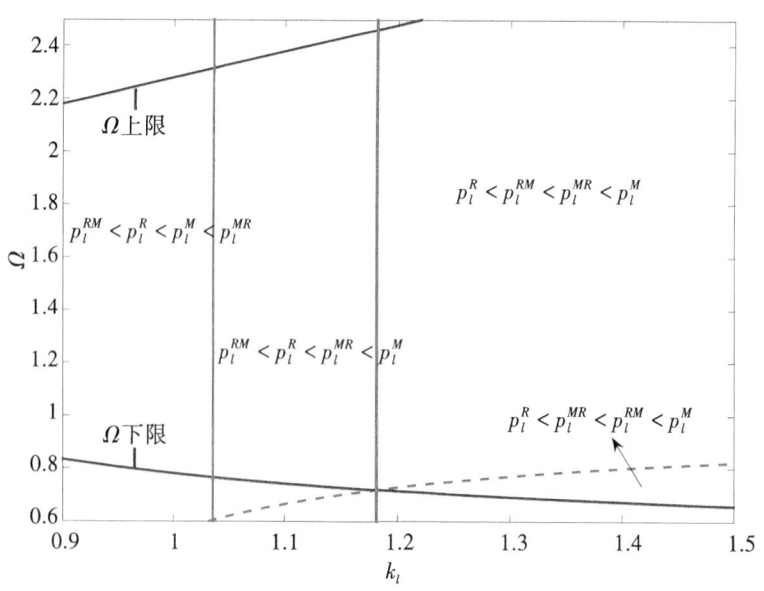

图3-9 低质量产品的最优零售价格比较($k_h = 1$)

给定参数下,图3-8和3-9对比了零售商在不同质保服务策略下的最优价格。其中,短横线代表$p^{MR} = p^{RM}$的边界线,点横线代表$p^M = p^R$的边界线,垂直实线则表示参数k_i的边界值(见定理3.8)。如果k_i足够小(例如$k_h < 1.02$,

$k_l < 1.04$),零售商会在不对称服务商策略(策略 MR 和 RM)下收取最高的零售价格;否则消费者会在策略 M 下面临最高的产品价格。对于高质量产品,如果系数 k_h 足够小($k_h < 1.02$),$p^M = p^R$ 的 Ω 边界值会随着 k_h 的升高而急剧增加,导致零售商只有在较为苛刻的参数条件下(高质量产品的相对生产效率高于一定较大的边界值),才会在策略 R 下征收较高的价格。但是同样的参数条件下,低质量产品的零售价格在策略 M 下一直比策略 R 下高。

3.4.3 不同策略下最优利润的比较与分析

利润是驱动企业决策的根本因素,本节将比较不同质量产品销售与不同质保策略为供应链成员带来的利润差异,并给出企业质保决策相关建议。

定理 3.9 在同一策略下,高、低质量产品为供应链成员带来的利润比较如下。

(a)对于制造商而言

(i)在策略 M 中,$\Pi_{Mh}^{M} > \Pi_{Ml}^{M}$,当且仅当 $\Omega > \dfrac{\sqrt{k_h k_l B_1 B_2}}{k_h B_2}$。

(ii)在策略 R 中,$\Pi_{Mh}^{R} > \Pi_{Ml}^{R}$,当且仅当 $\Omega > \dfrac{\sqrt{k_h k_l B_3 B_4}}{k_h B_4}$。

(iii)在策略 MR 中,$\Pi_{Mh}^{MR} > \Pi_{Ml}^{MR}$,当且仅当 $\Omega > \dfrac{\sqrt{2 k_h k_l B_1 B_4}}{2 k_h B_4}$。

(iv)在策略 RM 中,$\Pi_{Mh}^{RM} > \Pi_{Ml}^{RM}$,当且仅当 $\Omega > \dfrac{\sqrt{2 k_h k_l B_2 B_3}}{k_h B_2}$。

(b)对于零售商而言

(i)在策略 M 中,$\Pi_{Rh}^{M} > \Pi_{Rl}^{M}$,当且仅当 $\Omega > \dfrac{k_l (B_1 + 8\theta k_h)}{k_h (B_2 + 8\theta k_l)}$。

(ii)在策略 R 中,$\Pi_{Rh}^{R} > \Pi_{Rl}^{R}$,当且仅当 $\Omega > \dfrac{\sqrt{k_h k_l B_3 B_4}}{k_h B_4}$。

(iii)在策略 MR 中,$\Pi_{Rh}^{MR} > \Pi_{Rl}^{MR}$,当且仅当

$$\Omega > \dfrac{k_h \left(\sqrt{B_4 k_l} (\gamma^2 B_4 - 8 A_4 k_h) + 2 B_4 \gamma^2 \theta k_l \right)}{4 k_h^2 A_4 B_4}。$$

(iv)在策略 RM 中,$\Pi_{Rh}^{RM} > \Pi_{Rl}^{RM}$,当且仅当

$$\Omega > \frac{k_l\sqrt{B_3k_h}\left(B_2\gamma^2 - 4A_2k_h\right)^2 - 2\theta\gamma^2k_hk_lB_3\left(8A_3k_l - B_3\gamma^2\right)}{4A_2\gamma^4k_h^2 - 2A_4k_h\left(\gamma^6 - 32A_2k_hk_l + 128\gamma^2k_l^2\right) + 2\gamma^4\left(24A_3k_l^2 + 64k_l^3 + 3\gamma^4k_l - \gamma^6 - 4k_hk_l\left(5\gamma^2 + 8k_l\right)\right)}。$$

证明：

(a)对于制造商而言

(i)在制造商策略中，$\Delta\Pi_{Mhl}^M = \Pi_{Mh}^M - \Pi_{Ml}^M$，令 $\Delta\Pi_{Mhl}^M = 0$，可以求得 $a_h = c_h + \dfrac{(a_l - c_l)\sqrt{k_hk_lB_1B_2}}{k_h(8k_l - \gamma^2)}$（另一个解不符合条件，所以舍掉）。下面判断 $\Delta\Pi_{Mhl}^M$ 的单调性。

$$\frac{\partial\Delta\Pi_{Mhl}^M}{\partial a_h} = \frac{2k_h(a_h - c_h)(8k_l - \gamma^2)}{\gamma^4 + 8k_h\left(8k_l(1 - \theta^2) - \gamma^2\right) - 8\gamma^2k_l} \tag{3-58}$$

由上节对参数 k_i 的假设，可以判断出上式大于0，$\Delta\Pi_{Mhl}^M$ 关于 a_h 单增。所以有，当 a_h 大于边界值，即 $\Omega > \dfrac{\sqrt{k_hk_lB_1B_2}}{k_hB_2}$，$\Pi_{Mh}^M > \Pi_{Ml}^M$。

(ii)在零售商策略中，$\Delta\Pi_{Mhl}^R = \Pi_{Mh}^R - \Pi_{Ml}^R$，令 $\Delta\Pi_{Mhl}^R = 0$，可以求得 $a_h = c_h + \dfrac{(a_l - c_l)\sqrt{k_hk_lB_3B_4}}{k_h(4k_l - \gamma^2)}$（另一个解不符合条件，所以舍掉）。下面判断 $\Delta\Pi_{Mhl}^R$ 的单调性。

$$\frac{\partial\Delta\Pi_{Mhl}^R}{\partial a_h} = \frac{k_h(a_h - c_h)(4k_l - \gamma^2)}{\gamma^4 - 4k_h\left(\gamma^2 - 4(1 - \theta^2)k_l\right) - 4\gamma^2k_l} \tag{3-59}$$

由上节对参数 k_i 的假设，可以判断出上式大于0，$\Delta\Pi_{Mhl}^R$ 关于 a_h 单增。所以有，当 a_h 大于边界值，即 $\Omega > \dfrac{\sqrt{k_hk_lB_3B_4}}{k_hB_4}$，$\Pi_{Mh}^R > \Pi_{Ml}^R$。

(iii)在制造商零售商策略中，$\Delta\Pi_{Mhl}^{MR} = \Pi_{Mh}^{MR} - \Pi_{Ml}^{MR}$，令 $\Delta\Pi_{Mhl}^{MR} = 0$，可以求得 $a_h = c_h + \dfrac{(a_l - c_l)\sqrt{2k_hk_lB_1B_4}}{2k_h(4k_l - \gamma^2)}$（另一个解不符合条件，所以舍掉）。下面判断 $\Delta\Pi_{Mhl}^{MR}$ 的单调性。

$$\frac{\partial \Delta \Pi_{Mhl}^{MR}}{\partial a_h} = \frac{2k_h(a_h - c_h)(4k_l - \gamma^2)}{\gamma^4 - 8k_h(\gamma^2 - 4(1-\theta^2)k_l) - 4\gamma^2 k_l} \tag{3-60}$$

由上节对参数k_i的假设,可以判断出上式大于0,$\Delta \Pi_{Mhl}^{MR}$关于a_h单增。所以有,当a_h大于边界值,即$\Omega > \frac{\sqrt{2k_h k_l B_1 B_4}}{2k_h B_4}$,$\Pi_{Mh}^{MR} > \Pi_{Ml}^{MR}$。

(iv)在零售商制造商策略中,$\Delta \Pi_{Mhl}^{RM} = \Pi_{Mh}^{RM} - \Pi_{Ml}^{RM}$,令$\Delta \Pi_{Mhl}^{RM} = 0$,可以求得$a_h = c_h + \frac{(a_l - c_l)\sqrt{2k_h k_l B_2 B_3}}{k_h(8k_l - \gamma^2)}$(另一个解不符合条件,所以舍掉)。下面判断$\Delta \Pi_{Mhl}^{RM}$的单调性。

$$\frac{\partial \Delta \Pi_{Mhl}^{RM}}{\partial a_h} = \frac{k_h(a_h - c_h)(8k_l - \gamma^2)}{\gamma^4 - 4k_h(\gamma^2 - 8(1-\theta^2)k_l) - 8\gamma^2 k_l} \tag{3-61}$$

由上节对参数k_i的假设,可以判断出上式大于0,$\Delta \Pi_{Mhl}^{RM}$关于a_h单增。所以有,当a_h大于边界值,即$\Omega > \frac{\sqrt{2k_h k_l B_2 B_3}}{k_h B_2}$,$\Pi_{Mh}^{RM} > \Pi_{Ml}^{RM}$。

(b)证明同(a),此处略。

通过分别比较4个质保策略下的高、低质量产品为供应链成员带来的利润大小,可以观察到,只要产品的相对生产效率足够高,无论是零售商还是制造商都会从中获得更高的利润。就像定理3.5和3.7展示的那样,生产效率上的优势会使得制造商和零售商对竞品产生歧视,因而无论是价格或服务水平都会有所倾斜。

为了更好地比较两种产品的销售情况,下面分别对高、低质量产品在四种不同质保策略下为供应链成员带来的利润进行了对比。

定理3.10 高、低质量产品在不同服务渠道下为供应链成员带来的利润比较如下:

(a)对于制造商而言

(i)高质量产品:如果$\Omega \in (\psi_1, \widetilde{\psi^1})$,$\Pi_{Mh}^{MR} < \Pi_{Mh}^{R} < \Pi_{Mh}^{M} < \Pi_{Mh}^{RM}$,如果$\Omega \in (\widetilde{\psi^1}, \psi_2)$,$\Pi_{Mh}^{MR} < \Pi_{Mh}^{M} < \Pi_{Mh}^{R} < \Pi_{Mh}^{RM}$。

(ii)低质量产品：如果 $\Omega \in (\psi_1, \widetilde{\psi^2})$，$\Pi_{Ml}^{RM} < \Pi_{Ml}^{M} < \Pi_{Ml}^{R} < \Pi_{Ml}^{MR}$，如果 $\Omega \in (\widetilde{\psi^2}, \psi_2)$，$\Pi_{Ml}^{RM} < \Pi_{Ml}^{R} < \Pi_{Ml}^{M} < \Pi_{Ml}^{MR}$。

(b)对于零售商而言

(i)高质量产品：如果 $\Omega \in (\psi_1, \widetilde{\psi^7})$，$\Pi_{Rh}^{MR} < \Pi_{Rh}^{R} < \Pi_{Rh}^{M} < \Pi_{Rh}^{RM}$，如果 $\Omega \in (\widetilde{\psi^7}, \psi_2)$，$\Pi_{Rh}^{MR} < \Pi_{Rh}^{M} < \Pi_{Rh}^{R} < \Pi_{Rh}^{RM}$。

(ii)低质量产品：$\Omega \in (\psi_1, \widetilde{\psi^8})$，$\Pi_{Rl}^{RM} < \Pi_{Rl}^{M} < \Pi_{Rl}^{R} < \Pi_{Rl}^{MR}$，如果 $\Omega \in (\widetilde{\psi^8}, \psi_2)$，$\Pi_{Rl}^{RM} < \Pi_{Rl}^{R} < \Pi_{Rl}^{M} < \Pi_{Rl}^{MR}$。

其中，

$$\widetilde{\psi^7} = \frac{4\theta k_l \left((8A_4 k_h - B_4 \gamma^2) \sqrt{2\left(8(k_h - k_l)^2 + 4A_2 k_h - B_2 \gamma^2\right)} + 8A_2 k_l (2k_h - \gamma^2) + 32A_4 k_h^2 + 12B_4 \gamma^2 k_l + 2\gamma^4 (6k_h - \gamma^2) \right)}{256 A_4 \theta^2 k_h^2 k_l + B_2^2 \gamma^4 - 16 B_2 \gamma^2 k_l^2},$$

$$\widetilde{\psi^8} = \frac{B_1^2 B_3 \gamma^2 + 256 A_1 \theta^2 k_h k_l^2}{2\theta k_h \left(64(A_1 k_l^2 - A_2 k_h^2 + \gamma^2(\theta^2 + 1)k_h k_l) + 8 B_3^2 \gamma^2 - 3\gamma^6 + (B_2 \gamma^2 - 8A_2 k_h)\sqrt{64(k_h + k_l)^2 + 16\gamma^2 k_l - 16 A_2 k_h - 7\gamma^4} \right)} 。$$

证明：

(a)对于制造商而言

(i)对于高质量产品

(1)策略 M 与策略 MR 下的最优利润比较。

$\Delta \Pi_{Mh}^{M-MR} = \Pi_{Mh}^{M} - \Pi_{Mh}^{MR}$，令 $\Delta \Pi_{Mh}^{M-MR} = 0$，可以求得 $a_h = c_h + \dfrac{(a_l - c_l)(8k_h - \gamma^2)}{8\theta k_h}$。

下面判断 $\Delta \Pi_{Mh}^{M-MR}$ 的单调性。

$$\frac{\partial \Delta \Pi_{Mh}^{M-MR}}{\partial a_h} = -\frac{64\gamma^2 \theta^2 k_h^2 k_l}{(8A_2 k_h + B_2 \gamma^2)(8A_4 k_h + B_4 \gamma^2)}. \tag{3-62}$$

由上节对参数 k_i 的假设，可以判断出上式小于0，$\Delta \Pi_{Mh}^{M-MR}$ 关于 a_h 单减。所以有，当 $a_h < c_h + \dfrac{(a_l - c_l)(8k_h - \gamma^2)}{8\theta k_h}$，即 $\Omega < \dfrac{8k_h - \gamma^2}{8k_h \theta}$，$\Pi_{Mh}^{M} > \Pi_{Mh}^{MR}$。回忆上节对 Ω 的假设，所以一直有 $\Omega < \dfrac{8k_h - \gamma^2}{8k_h \theta}$，即 $\Pi_{Mh}^{M} > \Pi_{Mh}^{MR}$。

(2)策略 R 与策略 MR 下的最优利润比较。

$\Delta \Pi_{Mh}^{R-MR} = \Pi_{Mh}^{R} - \Pi_{Mh}^{MR}$，令 $\Delta \Pi_{Mh}^{R-MR} = 0$，可以求得 $a_h = c_h + \dfrac{4\theta k_l(a_l - c_l)}{4k_l - \gamma^2}$。下面判断 $\Delta \Pi_{Mh}^{R-MR}$ 单调性。

$$\frac{\partial \Delta \Pi_{Mh}^{R-MR}}{\partial a_h} = \frac{B_4^2 \gamma^2 k_h}{(4A_4 k_h + B_4 \gamma^2)(8A_4 k_h + B_4 \gamma^2)} \tag{3-63}$$

由上节对参数 k_i 的假设，可以判断出上式大于 0，$\Delta \Pi_{Mh}^{R-MR}$ 关于 a_h 单增。所以有，当 $a_h > c_h + \dfrac{4\theta k_l(a_l - c_l)}{4k_l - \gamma^2}$，即 $\Omega > \dfrac{4k_l \theta}{4k_l - \gamma^2}$，$\Pi_{Mh}^{R} > \Pi_{Mh}^{MR}$。回忆上节对 Ω 的假设，所以一直有 $\Omega > \dfrac{4k_l \theta}{4k_l - \gamma^2}$，即 $\Pi_{Mh}^{R} > \Pi_{Mh}^{MR}$。

(3) 策略 M 与策略 R 下的最优利润比较。

$\Delta \Pi_{Mh}^{M-R} = \Pi_{Mh}^{M} - \Pi_{Mh}^{R}$，令 $\Delta \Pi_{Mh}^{M-R} = 0$，可以求得

$a_h = c_h + \dfrac{4\theta k_l(a_l - c_l)(8k_h + 8k_l - 3\gamma^2)}{\gamma^4 + 32\theta^2 k_h k_l + 32 k_l^2 - 12\gamma^2 k_l}$。下面判断 $\Delta \Pi_{Mh}^{M-R}$ 的单调性。

$$\frac{\partial \Delta \Pi_{Mh}^{M-R}}{\partial a_h} = -\frac{2\gamma^2 k_h(B_2 B_4 + 32\theta^2 k_h k_l)}{(8A_2 k_h + B_2 \gamma^2)(4A_4 k_h + B_4 \gamma^2)} \tag{3-64}$$

由上节对参数 k_i 的假设，可以判断出上式小于 0，$\Delta \Pi_{Mh}^{M-R}$ 关于 a_h 单减。所以有，当 $a_h < c_h + \dfrac{4\theta k_l(a_l - c_l)(8k_h + 8k_l - 3\gamma^2)}{\gamma^4 + 32\theta^2 k_h k_l + 32 k_l^2 - 12\gamma^2 k_l}$，即 $\Omega < \widetilde{\psi^1}$，$\Pi_{Mh}^{M} > \Pi_{Mh}^{R}$，否则，$\Pi_{Mh}^{M} < \Pi_{Mh}^{R}$。

(4) 策略 M 与策略 RM 下的最优利润比较。

$\Delta \Pi_{Mh}^{M-RM} = \Pi_{Mh}^{M} - \Pi_{Mh}^{RM}$，令 $\Delta \Pi_{Mh}^{M-RM} = 0$，可以求得 $a_h = c_h + \dfrac{8\theta k_l(a_l - c_l)}{8k_l - \gamma^2}$。下面判断 $\Delta \Pi_{Mh}^{M-RM}$ 的单调性。

$$\frac{\partial \Delta \Pi_{Mh}^{M-RM}}{\partial a_h} = -\frac{B_2^2 \gamma^2 k_h}{(4A_2 k_h + B_2 \gamma^2)(8A_2 k_h + B_2 \gamma^2)} \tag{3-65}$$

由上节对参数 k_i 的假设，可以判断出上式小于 0，$\Delta \Pi_{Mh}^{M-RM}$ 关于 a_h 单减。所以有，当 $a_h > c_h + \dfrac{8\theta k_l(a_l - c_l)}{8k_l - \gamma^2}$，即 $\Omega > \dfrac{8\theta k_l}{8k_l - \gamma^2}$，$\Pi_{Mh}^{M} < \Pi_{Mh}^{RM}$。回忆上节对 Ω 的假设，

所以一直有 $\Omega > \dfrac{8\theta k_l}{8k_l - \gamma^2}$，即 $\Pi_{Mh}^{M} < \Pi_{Mh}^{RM}$。

(5)策略 R 与策略 RM 下的最优利润比较。

$\Delta\Pi_{Mh}^{R-RM} = \Pi_{Mh}^{R} - \Pi_{Mh}^{RM}$，令 $\Delta\Pi_{Mh}^{R-RM} = 0$，可以求得

$a_h = c_h + \dfrac{(a_l - c_l)(4k_h - \gamma^2)}{4\theta k_h}$。下面判断 $\Delta\Pi_{Mh}^{R-RM}$ 的单调性。

$$\dfrac{\partial \Delta\Pi_{Mh}^{R-RM}}{\partial a_h} = \dfrac{16\gamma^2\theta^2 k_h^2 k_l}{(4A_2 k_h + B_2\gamma^2)(4A_4 k_h + B_4\gamma^2)} \quad (3-66)$$

由上节对参数 k_i 的假设，可以判断出上式大于 0，$\Delta\Pi_{Mh}^{R-RM}$ 关于 a_h 单增。所以有，当 $a_h < \dfrac{(a_l - c_l)(4k_h - \gamma^2)}{4\theta k_h}$，即 $\Omega < \dfrac{4k_h - \gamma^2}{4\theta k_h}$，$\Pi_{Mh}^{R} < \Pi_{Mh}^{RM}$。回忆上节对 Ω 的假设，所以一直有 $\Omega < \dfrac{4k_h - \gamma^2}{4\theta k_h}$，即 $\Pi_{Mh}^{R} < \Pi_{Mh}^{RM}$。

综上，定理3.10(i)得证。

(ii)对于低质量产品，证明同(i)，因此此处省略。

(b)对于零售商的利润比较的证明同(a)，此处省略。

定理3.10指出制造商和零售商的利润函数的大小顺序是一致的，而且和4种策略下的质保服务大小排序相同；也就是说，无论是制造商还是零售商，对于单个产品都是在策略 MR 或 RM 下取得利润最大值。不对称的服务代理商策略会加剧高低质量产品之间的服务竞争。相比于制造商消极的质保服务策略，零售商在策略 MR 和 RM 下为消费者提供了最优质的质保服务。因此不同的服务提供商使得两种策略处于利润函数序列上截然相反的两端。通过这个定理可以发现，制造商可以利用改变质保服务策略来鼓励消费者进行定向消费。另外，制造商如果想进行产品转型，如将生产重点从低质量商品转向高质量产品，改变质保策略会是一个很好的开端。

下面将比较不同供应链成员在4种质保策略下的总利润。

定理3.11 供应链成员在不同服务渠道下的总利润大小顺序如下。

(a)对于制造商而言

如果 $\Omega \in (\psi_1, \widetilde{\psi^9})$，$\Pi_M^{M} < \Pi_M^{RM} < \Pi_M^{MR} < \Pi_M^{R}$，如果 $\Omega \in (\widetilde{\psi^9}, \psi_2)$，$\Pi_M^{M} < \Pi_M^{MR} <$

$\Pi_M^{RM} < \Pi_M^R$。

其中,$\widetilde{\psi^9} = \dfrac{32\theta k_h k_l (k_h - k_l) - \sqrt{1024\theta^2 k_h^2 k_l^2 (k_h - k_l)^2 + k_h k_l (32\theta^2 k_h k_l - B_1 B_3)(32\theta^2 k_h k_l - B_2 B_4)}}{k_h (32\theta^2 k_h k_l - B_2 B_4)}$。

(b)对于零售商而言,策略 R 为他带来了最高利润。

证明:

证明同定理 3.10,因此此处省略。

对于制造商来说,策略 R 优于其他质保策略,其次是策略 MR 和 RM,它们的顺序取决于产品的相对生产效率系数 Ω,最后是策略 M,即制造商自运营质保服务会为他带来最低利润。另一方面,策略 R 也为零售商带来了最高额的收益,而策略 M、MR 以及 RM 的比较则取决于产品的相对生产效率(见图 3-11)。尽管不对称的服务商策略(策略 MR 和 RM)为供应链成员在单个产品的销售中带来了最多收益,但是另一个产品渠道上的表现降低了优势。综合两种产品的利润,将质保服务均外包给零售商对制造商和零售商来说都是最优的选择。

之前对于服务水平竞争的研究显示了供应链成员尤其是制造商总是想要自己掌握服务决策权[158-161]。但是当制造商同时生产异质产品,并通过同一个零售商销售给市场时,这种直觉性的结论就不再适用。通过本节,可以发现制造商作为斯坦伯格的领导者,可以从将质保服务外包给零售商,即下放服务决策权中受益;甚至对两种产品的质保服务的全权掌控会使得制造商的利润最低。

通过定理 3.11,可以发现策略 R 为制造商和零售商带来了一个双赢的局面,这个结论可以解释为什么许多制造商都会将质保服务外包给零售商,如很多企业(美的、联想等公司)都委托苏宁公司,为其不同质量的产品提供质保服务[133]。

图 3-10 制造商的最优利润函数比较

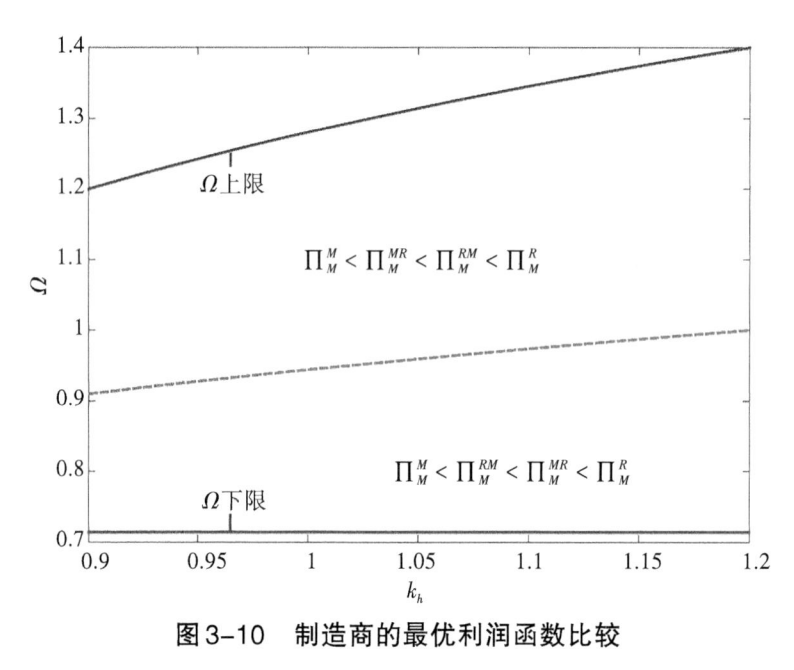

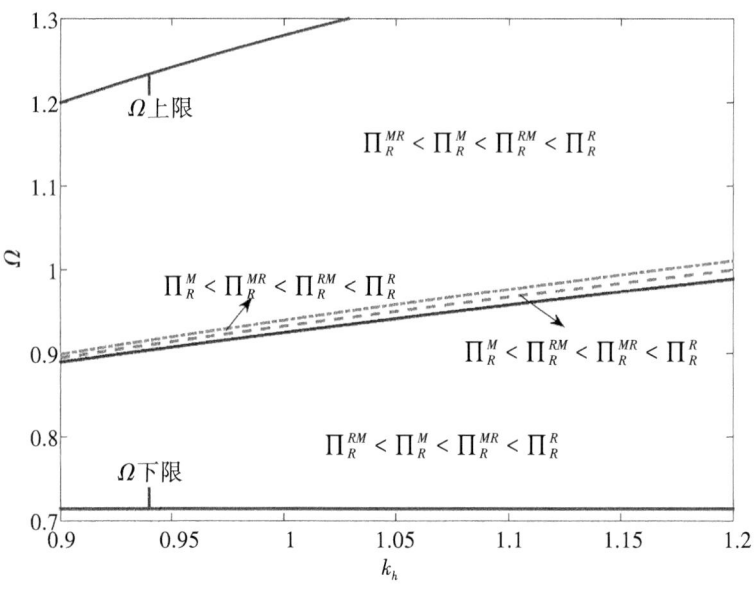

图 3-11 零售商的最优利润函数比较

图 3-10 和 3-11 直观地展示了制造商和零售商的策略选择偏好。其中短横线表示 $\Pi^{MR} = \Pi^{RM}$ 的边界线，点横线表示 $\Pi_R^M = \Pi_R^{MR}$ 的边界线，实线则代表 $\Pi_R^M =$

Π_R^{RM} 的边界线。可以看出策略 R 能为制造商和零售商带来最高的利润,是他们的最优选择。另外,通过图 3-10 可以发现,当高质量产品的相对生产效率相对较大时,相比于策略 MR,制造商更青睐策略 RM。但是当参数 k_h 增加时,$\Pi^{MR} = \Pi^{RM}$ 的 Ω 边界值也在平稳上升,这就意味着制造商越来越可能在策略 MR 下享受到更高的利润。

图 3-11 显示了参数 Ω 和 k_h 微小的变动会导致零售商的利润函数序列发生改变。但是无论参数如何变化,策略 R 对于零售商而言都是最优策略。此外,随着高质量产品的质保成本系数 k_h 的增加,策略 MR 更有可能取代策略 RM 成为零售商的第二选择。

另外,本章也考虑了消费者在不同服务渠道下的效用函数的大小。但是由于公式过于复杂,本节采用数值分析的方法来比较不同策略下的消费者效用函数。在给定参数下($\gamma = 1.2, k_l = 1.2$,下文类似),图 3-12 至 3-14 分析了消费者在不同参数设定 $\theta = 0, 0.3, 0.5, 0.6$ 下的消费者剩余。其中,实线、短横线、和点横线分表代表 $U^{MR} = U^{RM}$、$U^R = U^{MR}$ 以及 $U^R = U^{RM}$ 的边界线。

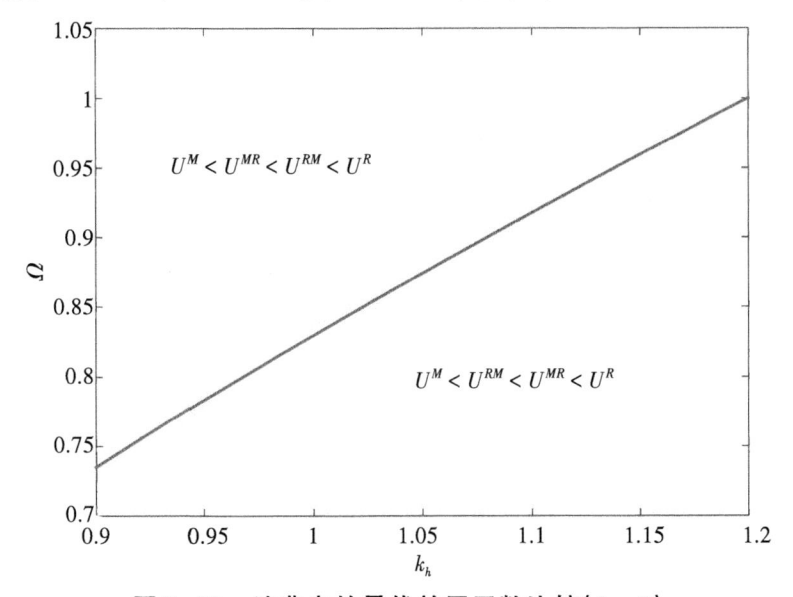

图 3-12 消费者的最优效用函数比较($\theta = 0$)

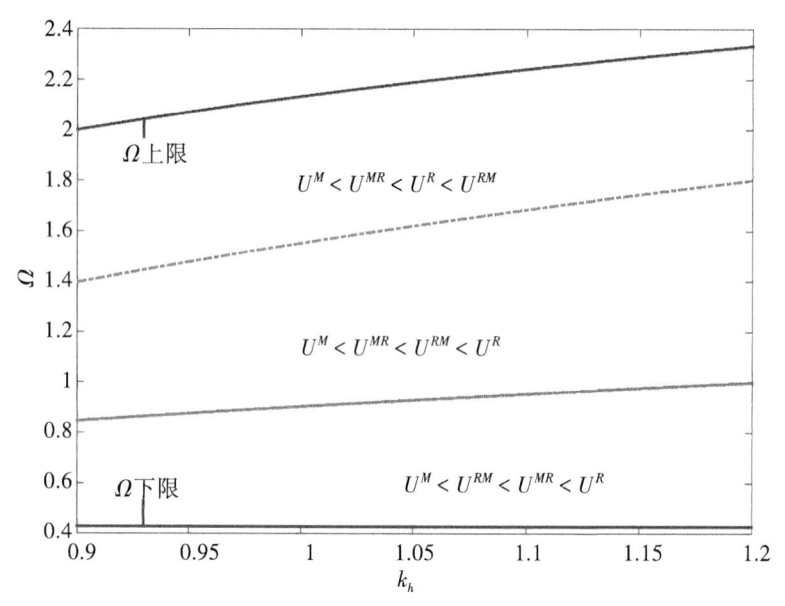

图3-13 消费者的最优效用函数比较($\theta = 0.3$)

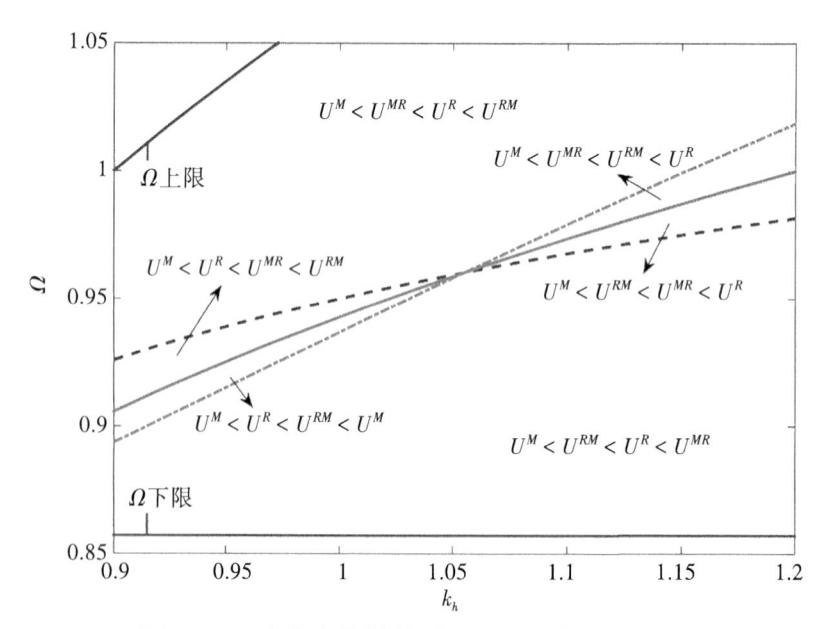

图3-14 消费者的最优效用函数比较($\theta = 0.6$)

观察1：当$\theta = 0$，策略R会为消费者带来最高效用。

当两个产品相互独立，可替代性为0时，无论相对生产效率系数Ω如何改变，需求函数永远是正的,因此对于 Ω 来说,没有上下边界,所以供应链成员的决策会更加灵活。此时两个产品不存在竞争关系,因此制造商和零售商都会针对两个产品各自的情况制定策略。另外,此时的消费者效用函数顺序与制造商的利润函数顺序一致,所以策略 R 可以使得制造商、零售商以及消费者三者达成共赢,而策略 M 则会成为三者最后的选择。另外,策略 MR 和 RM 的比较还与相对生产效率有关,当高质量产品的生产效率相对较大时,消费者会更倾向于策略 RM。

观察2:随着产品可替代性参数 θ 的增加,策略 R、MR 以及 RM 都可能为消费者带来最高的效用,但是策略 M 总是为消费者带来最低的效用。

随着两个产品之间的竞争加剧,策略 MR、RM 也可能成为消费者的优先选择。具体来说,只有当高质量产品的生产效率相对较高时,策略 RM 才会优于其他策略,而当低质量产品的生产效率增加时,策略 MR 则会取代策略 RM 和 R 为消费者带来最高效用。另外,通过上述图还可以发现,只有当低质量产品的生产效率足够高时,策略 MR 才会成为最优选择;也就是说,当两个产品的生产效率相同时,消费者会在策略 R 和 RM 下获得更多的效用。通过图 3-14,可以观察到只有当质保服务系数相对较大且两个产品的生产效率几乎相等时,策略 R 才会为消费者带来最高的效率。回忆定理 3.11,策略 R 总是为制造商和零售商带来最高利润,但是此时,可能无法满足消费者的利益。

3.5 本章小结

本章从消费者效用函数出发,探讨单渠道供应链中制造商如何为两种异质产品制定质保服务策略能为企业带来更多收益。通过构建以制造商为领导者的斯坦伯格博弈模型,本章探讨了4种制造商质保服务模式:制造商直接为两种产品提供质保服务、制造商为其中一种产品提供质保服务并将另一种产品的质保服务外包给零售商(有两种情况)、制造商直接将两种产品的质保服务外包给零售商。针对每一种质保策略,研究制造商和零售商的最优定价、服务水平决策,并且确定了供应链成员和消费者在不同情形下的选择排序。

最后,本章为企业提供了管理建议:虽然将两种产品的质保服务均外包给零售商可以为供应链成员带来最高利润,但是制造商可以选择其他质保服务以满足消费者需求。另外,制造商还可以通过改变质保服务策略引导消费者进行定向消费。

第4章

双渠道供应链下的
质保服务外包策略研究

4.1 引言

信息技术的不断提升使得电商销售模式受到了越来越多的关注,网络经济成为我国经济发展的新增长点。最新发布的《中国互联网络发展状况统计报告》显示,截至2020年3月,我国网民规模为9.04亿,其中网络购物用户规模为7.1亿。庞大的网民数量为我国网络消费市场的蓬勃发展奠定了基础,根据国家统计局数据,仅2019年线上交易规模就突破10万亿元。

面对日益高涨的网购浪潮,企业纷纷建设线上销售渠道以应对消费习惯的改变。包括苹果、索尼、联想、海尔、起亚在内的许多制造企业,在保有传统的线下零售渠道的同时,发展独立的线上销售网站,形成线上线下双渠道销售模式。

通过上述案例可以发现,双渠道销售模式在实际生活中十分普遍,因此不同于第3章以单渠道供应链为背景,本章将研究扩展到双渠道供应链,即制造商通过线上直销和线下零售双渠道进行产品销售。另外,第3章针对是否应将异质产品的质保服务外包给下游零售商这一问题进行了讨论,结果发现外包可以帮助供应链成员实现收益增长。本章则重点探讨质保服务外包的服务代理商选择问题,除了制造商和零售商外,加入第三方这一供应链新成员,讨论了3种常见的质保服务外包策略:制造商将两个渠道的产品质保服务均外包给零售商、均外包给第三方、将直销和零售渠道的质保服务分别外包给第三方和零售商并回答了如下问题:哪种策略会为供应链成员带来最多收益?消费者在哪种策略下能享受到最优质的质保服务和最低廉的零售价格?以及供应链成员策略会随着参数如何变化?

通过建立以制造商为领导者的斯坦伯格博弈模型,本章得到了供应链成员在不同外包决策下的均衡解,并且解释了为什么相似企业会制定不一样的质保策略。另外本章得出了一些有意思的结论,具体来说,零售商并不总希望掌握服务权,而且如果不能同时为两个渠道的消费者提供质保服务,那么零售商可能会选择放弃单一渠道的服务权。另外,虽然质保服务会刺激消费者购买更多产品,零售商理应比第三方更希望提升质保服务,但本章结果表明,有时消费者会在第三方处享受到更优质的质保服务。

4.2 问题描述

考虑一个由制造商、零售商和第三方服务商组成的供应链。制造商生产耐用品,并同时通过线下零售商渠道和线上直销渠道销售产品,制造商需要制定产品的批发价格 w,而零售商则决定产品的零售价格 p,为了避免双渠道带来的供应链矛盾,本章假设两个渠道的销售价格相等(均由零售商决策),此类假设在运营管理文献中十分常见[17,137]。考虑到耐用品的特殊性,制造商需要为消费者提供免费的质保服务。由于质保服务需要建立庞大的售后服务体系,因此很多厂商都选择将质保服务外包给下游零售商或独立第三方服务代理商。

本章研究了3种常见的质保服务外包策略:零售商服务策略(R)、第三方服务策略(3P)以及零售商-第三方服务策略(3PR)。其中,零售商策略代表制造商将双渠道的售后服务全部外包给零售商,这个策略在汽车行业十分普遍。无论消费者在何种渠道购买的产品,都可以在零售商处获得保修服务[162]。第三方策略则代表双渠道的消费者都需要到第三方服务代理商处进行产品维修,这在电子电器行业中比较常见。例如三星公司将部分产品的质保服务全权外包给了第三方代理商,而零售商则只需要专注于产品销售。零售商-第三方服务策略是一种混合策略。当消费者通过零售商渠道购买产品时,可以到零售商处进行产品售后,而直销渠道的消费者则须到第三方服务代理商处进行售后服务。通常来说,零售商更喜欢为从自己渠道购买产品的消费者提供售后服务,因此这种混合策略可以鼓励零售商提高服务水平,并且避免服务歧视。这种策略在家电产业很常见,如苏宁、国美等线下零售商只希望为自己渠道的消费者提供售后服务,所以制造商只能将线上渠道的售后服务外包给第三方。3种服务外包策略具体如图4-1所示。

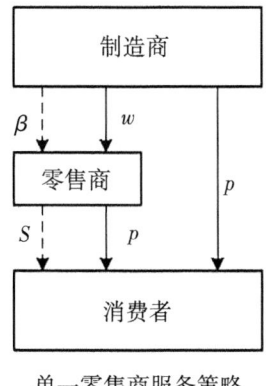

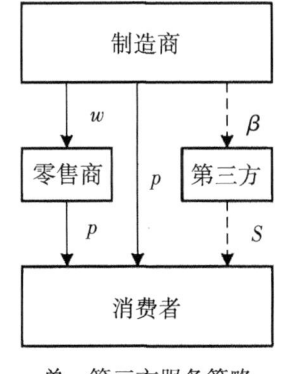

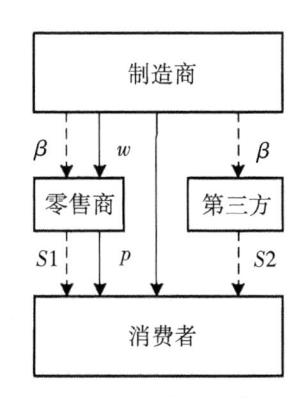

第4章 双渠道供应链下的质保服务外包策略研究 / 071

图4-1 3种服务外包策略（单一零售商服务策略；单一第三方服务策略；零售商-第三方服务策略）

本章假设每个产品的平均质保成本为 C_m，包括材料和人工等维修费用。每次质保服务后，服务代理商会向制造商汇报理赔流程，并且向制造商索要维修费用和相应的服务佣金。通过企业调研发现，如一汽、大众等诸多公司都会依据实际成本支付服务费用，因此本章假设制造商按照平均维修费用比例（β）支付服务代理商服务佣金，也就是说，每次进行质保服务后，服务代理商会赚取 βC_m。但同时，服务代理商也会产生额外的服务成本，当提供的服务质量为 s 时，服务成本为 $\frac{1}{2}ks^2$，其中 $k > 0$ 表示服务代理商的单位成本系数。不同于描述材料和人工等维修成本参数 C_m，$\frac{1}{2}ks^2$ 强调的是服务成本，如店铺环境、服务速率等。另外，这种二次成本结构反映了服务收益的边际递减效应，与现有的文献相吻合[12,37,53,97]。

本章使用 $D_M(D_{M-3PR})$ 代表直销的需求量，$D_R(D_{R-3PR})$ 表示零销渠道的需求量。同 Dan 等[52]、Xiao 和 Yang[155]、Xiao 等[163]、Hu 和 Li[164]、Ding 等[165]的研究，本章假设需求函数与零售价格和服务水平线性相关。考虑到零售商服务策略和第三方服务策略均未涉及服务竞争，因此这两种策略下需求函数的表达式相同。

$$D_M = (1-x)a - p + \delta s \quad (4-1)$$
$$D_R = xa - p + \delta s \quad (4-2)$$

其中 x 表示偏好传统零销渠道的消费者占总市场的比例，而 $(1-x)$ 则表示偏好线上直销渠道的消费者的比例；a 代表基础市场份额，δ 代表需求对质保服务的敏感系数。

在零售商-第三方服务策略中,制造商将双渠道的消费者区分开来,外包给不同的服务代理商。优质的售后服务可以吸引到更多消费者,因此零售商为了与制造商的直销渠道争夺消费者,需要与第三方进行服务竞争。因此产品的需求函数会有所不同。

$$D_{M-3PR} = (1-x)a - p + \delta s_2 - \theta s_1 \quad (4-3)$$
$$D_{R-3PR} = xa - p + \delta s_1 - \theta s_2 \quad (4-4)$$

其中,s_1、s_2分别代表零售商和第三方提供的质保服务质量,θ代表市场需求对服务水平差异的转移系数。本章假设$\theta < \delta$,即消费者对产品本身服务的弹性需求系数大于消费者对竞争产品的服务的转移系数[52,166]。

为了使得问题更具研究意义,本章忽略了一些琐碎的情况。例如,产品销量为负、或服务代理商不提供质保服务等,这些情形与现实不相符合,对质保服务外包的研究也没有积极作用。所以本章给出了下面两个参数限制:

假设1:$a > \max\{\dfrac{C_m}{x}, \dfrac{C_m}{1-x}\}$。

即,基本市场规模系数a足够大。换句话说,如果潜在的市场规模太小,制造商通过销售产品所得到的收入都无法覆盖生产成本,利润空间十分有限,此时制造商会主动离开市场,不在本章的研究范围内。

假设2:$\delta^2 < k < 2\delta^2$。

即,质保服务的单位成本系数k应当相对有效。否则,当k太大时,服务代理商将没有动力提供保修服务;而当k过小时,服务代理商总是希望设置尽可能高的服务水平以增加销售额。只有当服务成本处于中间状态时,服务代理商才会提供有限的质保服务,这也与之前的文献相符合[12,97,155]。

由于观察到现实生活中,制造商的地位普遍较高,例如戴尔、苹果等多家制造商,有能力直接建立直销渠道,并且拥有定价主动权,可以自行设定批发价格。而下游的零售商和第三方只能接受制造商提供的批发价格,然后再确定自身的定价与服务策略。因此,本章假设制造商为斯坦伯格博弈的领导者,而零售商和第三方为追随者[117,158,167]。另外,考虑到质保决策一旦签订很难更改,而价格决策则更为灵活,所以本章在供应链博弈顺序不变的情况下,优先考虑质保服务水平,然后进行定价决策。具体决策顺序如下:

(1)零售商服务策略:制造商先决定批发价格w。然后零售商决定他的质保服务水平s,最后零售商决定双渠道的批发价格p。

(2)第三方服务策略:制造商先决定批发价格w。然后零售商决定零售价格p,最后由第三方设置服务水平s。

(3)零售商-第三方服务策略:制造商先决定批发价格w。然后,零售商决定零售渠道的质保服务水平s_1,再决定零售价格p。最后,第三方决定直销渠道的服务水平s_2。

所有的供应链成员都追求各自利润的最大化。本章和之前大部分文献一样,采用逆向归纳法求解这个博弈问题[117,158]。本章使用的符号定义如表4-1所示。

表4-1 本章使用符号说明

变量符号	定义
w	批发价格
p	零售价格
s	服务代理商的服务水平
s_1	在零售商-第三方服务策略中零售商提供的质保服务水平
s_2	在零售商-第三方服务策略中第三方提供的质保服务水平
a	基础市场份额
x	偏好零售渠道的消费者所占比例,$(1-x)$代表偏好直销渠道的消费者所占比例
θ	市场需求对服务水平差异的转移系数
δ	市场需求对服务水平的敏感系数
k	提供质保服务的单位成本系数
β	服务代理商的服务手续费率
C_m	质保维修成本
$D_R、D_{R-3PR}$	零销渠道的需求函数
$D_M、D_{M-3PR}$	直销渠道的需求函数
Π_M	制造商的利润函数
Π_R	零售商的利润函数
Π_{3P}	第三方利润函数

4.3 模型分析

4.3.1 零售商服务策略

在零售商服务策略中,制造商将所有售出产品的质保服务都外包给零售商。不失一般性,本章假设制造商的生产成本为0[12]。

基于式(4-1)和(4-2)的需求函数,制造商和零售商的利润函数表示为。

$$\Pi_M^R = w^R D_R + p^R D_M - (1+\beta)C_m(D_R + D_M) \tag{4-5}$$

$$\Pi_R^R = (p^R - w^R)D_R + \beta C_m(D_R + D_M) - \frac{1}{2}k(s^R)^2 \tag{4-6}$$

定理4.1 在零售商服务策略中,制造商最优批发价格为

$$w^{R*} = \frac{aA(B-2xA) + 2C_m k(B+2\beta E)}{2k(3k-2\delta^2)} \tag{4-7}$$

零售商的最优零售价格和服务质量分别为

$$p^{R*} = \frac{2C_m kA + a(A^2 + 2x\delta^2 A + 2xk^2)}{2k(3k-2\delta^2)} \tag{4-8}$$

$$s^{R*} = \frac{\delta(2C_m k + a(A-2xB))}{2k(3k-2\delta^2)} \tag{4-9}$$

直销渠道与零售渠道的最优需求函数分别为

$$D_m^{R*} = \frac{a(5k - 3\delta^2 - 2xF) - 2C_m k}{6k - 4\delta^2} \tag{4-10}$$

$$D_r^{R*} = \frac{a(2xB - A) - 2C_m k}{6k - 4\delta^2} \tag{4-11}$$

制造商与零售商的最优利润函数分别为

$$\Pi_M^{R*} = \frac{\left(a(A+2x\delta^2) - 2C_m k\right)^2 + 4ak(1-2x)(akx - C_m(k+E\beta))}{4k(3k-2\delta^2)} \tag{4-12}$$

$$\Pi_R^{R*} = \frac{B\left((2xB-A)a - 2C_m k\right)^2 + 8aC_m k\beta(1-2x)E^2}{8k(3k-2\delta^2)^2} \tag{4-13}$$

其中,$A = k - \delta^2, B = 2k - \delta^2, E = 3k - 2\delta^2, F = 4k - 3\delta^2$。

证明:

采用逆向归纳法求解。首先考虑零售商的定价决策问题。

$$\frac{\partial \Pi_R^R}{\partial p^R} = ax - 2\beta C_m - 2p + \delta s^R + w^R = 0 \tag{4-14}$$

得到零售商零售价格关于零售商的服务水平和制造商的批发价格的反应函数为

$$p^R(w^R, s^R) = \frac{1}{2}(ax - 2\beta C_m + \delta s^R + w^R) \qquad (4\text{-}15)$$

其次考虑零售商的质保服务决策,将 $p^R(w^R, s^R)$ 代入零售商的利润函数得

$$\Pi_R^R(w^R, s^R) = \beta C_m(a + 2\delta s^R - 2w^R) + \frac{1}{4}(w^R - \delta s^R - ax + 2\beta C_m)^2 - \frac{k s^{R2}}{2} \qquad (4\text{-}16)$$

令 $\dfrac{\partial \Pi_R^R(w^R, s^R)}{\partial s^R} = 0$,得到质保服务关于制造商批发价格的反应函数为

$$s^R(w^R) = \frac{a\delta x + 2\beta C_m \delta - \delta w^R}{2k - \delta^2} \qquad (4\text{-}17)$$

最后,考虑制造商的批发价格决策问题。同样,将 $s_R(w^R)$ 代入 $\Pi_M^R(w^R)$ 得到批发价格的最优解 w^{R*}。之后,将最优批发价格代回服务水平和零售价格的反应函数,即可得到制造商和零售商的最优策略。

对利润函数求二阶偏导,$\dfrac{\partial^2 \Pi_R^R}{\partial p^{R2}} = -2 < 0$,$\dfrac{\partial^2 \Pi_R^R}{\partial s^{R2}} = -k < 0$,

$\dfrac{\partial^2 \Pi_M^R}{\partial w^{R2}} = -\dfrac{2k(2\delta^2 - 3k)}{2k - \delta^2} < 0$。因此所求为最大值解。

4.3.2 第三方服务策略

在第三方服务策略中,制造商将双渠道出售的产品的质保服务都外包给第三方。在零售商服务策略的基础上,加入一个新的供应链成员,制造商、零售商、以及第三方的利润函数如下。

$$\Pi_M^{3P} = w^{3P} D_R + p^{3P} D_M - (1 + \beta) C_m (D_R + D_M) \qquad (4\text{-}18)$$

$$\Pi_R^{3P} = (p^{3P} - w^{3P}) D_R \qquad (4\text{-}19)$$

$$\Pi_{3P}^{3P} = \beta C_m (D_R + D_M) - \frac{1}{2} k (s^{3P})^2 \qquad (4\text{-}20)$$

定理4.2 在第三方服务策略中,制造商最优批发价格为

$$w^{3P*} = \frac{(1-x)ak + 2C_m k + 2\beta C_m H}{3k} \qquad (4\text{-}21)$$

零售商的最优零售价格和服务质量分别为

$$p^{3P*} = \frac{ak(1 + 2x) + 2C_m(k + \beta(k + 4\delta^2))}{6k} \qquad (4\text{-}22)$$

第三方的最优服务水平为

$$s^{3P*} = \frac{2C_m\beta\delta}{k} \tag{4-23}$$

直销渠道与零售渠道的最优需求函数分别为

$$D_m^{3P*} = \frac{ak(5-8x) - 2C_m(k+\beta G)}{6k} \tag{4-24}$$

$$D_r^{3P*} = \frac{ak(-1+4x) - 2C_m(k+\beta G)}{6k} \tag{4-25}$$

制造商、零售商、与第三方的最优利润函数分别为

$$\Pi_M^{3P*} = \frac{4((1-x)ak - (k+\beta G)C_m)^2 - 3a^2k^2(1-2x^2)}{12k^2} \tag{4-26}$$

$$\Pi_R^{3P*} = \frac{(ak(1-4x) + 2C_m(k+\beta G))^2}{36k^2} \tag{4-27}$$

$$\Pi_{3P}^{3P*} = \frac{2\beta C_m(ak(1-x) - C_m(k+\beta H))3k}{3k} \tag{4-28}$$

其中，$G = k - 2\delta^2, H = k + \delta^2$。

证明：

采用逆向归纳法求解。首先考虑第三方的质保服务决策问题。

$$\frac{\partial \Pi_{3P}^{3P}}{\partial s^{3P}} = 2\beta C_m\delta - ks^{3P} = 0 \tag{4-29}$$

得第三方的最优服务质量为

$$s^{3P*} = \frac{2\beta C_m\delta}{k} \tag{4-30}$$

其次考虑零售商的定价决策，将 s^{3P*} 代入零售商的利润函数得

$$\Pi_R^{3P}(w^{3P}, p^{3P}) = (p^{3P} - w^{3P})\left(ax - p^{3P} + \frac{2\beta C_m\delta^2}{k}\right) \tag{4-31}$$

令 $\dfrac{\partial \Pi_R^{3P}(w^{3P}, p^{3P})}{\partial p^{3P}} = 0$，得零售价格关于制造商批发价格的反应函数为

$$p^{3P}(w^{3P}) = \frac{akx + 2\beta C_m\delta^2 + kw^{3P}}{2k} \tag{4-32}$$

最后，考虑制造商的批发价格决策问题。同样，将 $p^{3P}(w^{3P})$ 代入 $\Pi_M^{3P}(w^{3P})$ 得

到批发价格的最优解 w^{3P*}。之后，将最优批发价格代回零售价格的反应函数，即可得到制造商、零售商以及第三方的最优策略。

对利润函数求二阶偏导，$\dfrac{\partial^2 \Pi_{3P}^{3P}}{\partial s^{3P\,2}} = -k < 0$，$\dfrac{\partial^2 \Pi_R^{3P}}{\partial p^{3P\,2}} = -2 < 0$，$\dfrac{\partial^2 \Pi_M^{3P}}{\partial w^{3P\,2}} = -\dfrac{3}{2} < 0$。因此所求为最大值解。

4.3.3　零售商-第三方服务策略

在零售商-第三方服务策略中，制造商将质保服务同时外包给零售商和第三方服务代理商。当消费者从零售渠道购买产品时，零售商负责提供后续的质保服务，但是从直销渠道购买产品的消费者，只能从第三方处获取售后服务。也就是说，制造商将两个渠道的消费者售后服务分割开来，外包给不同的服务代理商。

根据式(4-3)和(4-4)，可以得到制造商、零售商以及第三方的利润函数如下。

$$\Pi_M^{3PR} = w^{3PR} D_{R-3PR} + p^{3PR} D_{M-3PR} - (1+\beta) C_m (D_{R-3PR} + D_{M-3PR}) \quad (4-33)$$

$$\Pi_R^{3PR} = (p^{3PR} - w^{3PR}) D_{R-3PR} + \beta C_m D_{R-3PR} - \frac{1}{2} k (s_1^{3PR})^2 \quad (4-34)$$

$$\Pi_{3P}^{3PR} = \beta C_m D_{M-3PR} - \frac{1}{2} k (s_2^{3PR})^2 \quad (4-35)$$

定理4.3　在零售商-第三方服务策略中，制造商最优批发价格为

$$w^{3PR*} = \frac{ak((1-x)AB + x\delta^2(k+\theta\delta)) + C_m(B^2 k - Bk\delta\theta(1+2\beta) + \beta k^2(8k - 7\delta^2) + \beta\delta^4 IJ)}{2k((3k-\delta\theta)A + \delta^4)} \quad (4-36)$$

$$p^{3PR*} = \frac{ak(A^2 + xBH - x\delta\theta A) + C_m(A(kB + \delta\theta(\delta\theta\beta - k)) - \beta\delta^2 kH - 2\beta\delta\theta kB + \beta(k^3 + \delta^6))}{2k((3k-\delta\theta)A + \delta^4)} \quad (4-37)$$

$$s_1^{3PR*} = \frac{\delta(ak(x(F-\theta\delta) - A) + C_m(\theta\delta(\beta\delta + k) - \beta A(2\delta\theta + H) - kB))}{2k((3k-\delta\theta)A + \delta^4)} \quad (4-38)$$

第三方的最优服务水平为

$$s_2^{3PR*} = \frac{C_m \beta \delta}{k} \quad (4-39)$$

直销渠道与零售渠道的最优需求函数分别为

$$D_m^{3PR*} = \frac{ak(k^2 + B^2 - \theta A(1+x) + \theta\delta^2 xI - x(8k^2 + \delta^4 - 5k\delta^2)) - C_m R}{2k((3k-\delta\theta)A + \delta^4)} \quad (4-40)$$

$$D_r^{3PR*} = \frac{ak(xF - A - \delta\theta x) + C_m(k\delta\theta(1-2\beta) + \theta\beta\delta^2(2\delta+\theta) - kB - \beta AH)}{2((3k-\delta\theta)A+\delta^4)} \quad (4\text{-}41)$$

制造商、零售商与第三方的最优利润函数分别为

$$\Pi_M^{3PR*} = \frac{\left(ak(\delta^2(x-1)-\delta\theta x) - \delta k + C_m(k\beta G + \beta\delta^2 IJ + kB + k\delta\theta)\right)^2 + 4k^2 M}{4k^2((3k-\delta\theta)A+\delta^4)} \quad (4\text{-}42)$$

$$\Pi_{3P}^{3PR*} = \frac{Bak(A - x(F-\theta\delta)) - C_m(\beta(\delta^2 J^2 - k^2) - kB + k\delta\theta(1-2\beta))}{8k((3k-\delta\theta)A+\delta^4)^2} \quad (4\text{-}43)$$

$$\Pi_{3P}^{3PR*} = \frac{C_m\beta(ak(k^2(8x-5)+\delta^2 J(\delta(x-1)-\theta x)+k\delta(4\delta-5x\delta+\theta+\theta x))) + C_m L}{2k((3k-\delta\theta)A+\delta^4)} \quad (4\text{-}44)$$

其中,$I = \delta - \theta, J = \delta + \theta,$

$L = k^3(2+\beta) + \beta\delta^3\theta^2 J - k^2\delta((3+4\beta)J + \beta\theta) + k\delta^2((J+\beta(2\delta-\theta))J + 2\beta\delta\theta)$

$M = xa^2 k^2(1-2x) - \beta\delta C_m^2 J(k+\beta B + \beta\delta\theta) + akC_m(2kx(1+2\beta) - \beta\delta(x(\delta-3\theta)+\theta) - k - \beta B)$

$R = (k^3(2+\beta) - \beta\delta^3 IJ^2 + k\delta^2 J(J+5\beta\delta-\beta\theta) - k^2\delta(3J+\beta(7\delta+5\theta)))$

证明：

采用逆向归纳法求解。首先考虑第三方的质保服务决策问题。

$$\frac{\partial \Pi_{3P}^{3PR}}{\partial s_2^{3PR}} = \beta C_m \delta - k s_2^{3PR} = 0 \quad (4\text{-}45)$$

得第三方的最优服务质量为：

$$s_2^{3PR*} = \frac{\beta C_m \delta}{k} \quad (4\text{-}46)$$

其次考虑零售商的定价决策，将 s_2^{3PR*} 代入零售商的利润函数得

$$\Pi_R^{3PR}(w^{3PR}, s_1^{3PR}, p^{3PR}) = \frac{2(p^{3PR} - w^{3PR} + \beta C_m)(k(ax - p^{3PR} + \delta s_1^{3PR}) - \beta C_m \theta) - k^2 s_1^{3PR\,2}}{2k} \quad (4\text{-}47)$$

令 $\dfrac{\partial \Pi_R^{3PR}(w^{3PR}, s_1^{3PR}, p^{3PR})}{\partial p^{3PR}} = 0$，得零售价格关于零售商服务水平与制造商批发价格的反应函数为

$$p^{3PR}(w^{3PR}, s_1^{3PR}) = \frac{k(ax - \beta C_m + \delta s_1^{3PR} + w^{3PR}) - \beta C_m \delta \theta}{2k} \quad (4\text{-}48)$$

然后考虑零售商对零售渠道的质保服务策略，将 $p^{3PR}(w^{3PR}, s_1^{3PR})$ 代入零售商的

利润函数得

$$\Pi_R^{3PR}(w^{3PR}, s_1^{3PR}) = \frac{\left(k\left(ax + \beta C_m + \delta s_1^{3PR} - w^{3PR}\right) - \beta C_m \delta\theta\right)^2 - 2k^3 s_1^{3PR\,2}}{4k^2} \quad (4\text{-}49)$$

令 $\dfrac{\partial \Pi_R^{3PR}(w^{3PR}, s_1^{3PR})}{\partial s_1^{3PR}} = 0$，得零售商服务水平关于制造商批发价格的反应函数为

$$s_1^{3PR}(w^{3PR}) = \frac{\delta\left(k\left(ax - w^{3PR}\right) + \beta C_m(k - \delta\theta)\right)}{k(2k - \delta^2)} \quad (4\text{-}50)$$

最后，考虑制造商的批发价格决策问题，同样，将 $s_1^{3PR}(w^{3PR})$ 代入 $\Pi_M^{3PR}(w^{3PR})$ 得到批发价格的最优解 w^{3PR*}。之后，将最优批发价格代回质保服务水平和零售价格的反应函数，即可得到制造商、零售商以及第三方的最优策略。

对利润函数求二阶偏导，$\dfrac{\partial^2 \Pi_{3PR}^{3PR}}{\partial s_2^{3PR\,2}} = -k < 0$，$\dfrac{\partial^2 \Pi_R^{3PR}}{\partial p^{3PR\,2}} = -2 < 0$，$\dfrac{\partial^2 \Pi_R^{3PR}}{\partial s_1^{3PR\,2}} = -\dfrac{2k - \delta^2}{2} < 0$，$\dfrac{\partial^2 \Pi_M^{3PR}}{\partial w^{3PR\,2}} = -\dfrac{2\delta^4 + 2(k - \delta^2)(3k - \delta\theta)}{(2k - \delta^2)^2} < 0$。因此所求为最大值解。

4.4 3种质保服务外包策略比较

本章将对比不同决策情形下的最优策略，并讨论相应的管理意义。

4.4.1 不同策略下最优质保服务水平的比较与分析

因为制造商在零售商-第三方服务策略下将两个渠道的质保服务分别外包给不同的服务商，所以在此种策略下双渠道消费者的售后体验可能会不同。因此本节首先比较零售商-第三方服务策略下两个服务商的质保服务水平，以更好地了解在面对服务竞争时零售商和第三方的表现。

定理4.4 在零售商-第三方服务策略中，当且仅当 $x \geq x_{11}$ 时，相较于第三方，零售商会提供更优质的质保服务，其中 $x_{11} = \dfrac{akA + \beta k(7A + k) + k\delta\theta + \beta\delta^2 IJ}{ak(4k - 3\delta^2 - \delta\theta)}$。

证明：

$$\Delta s^{3PR} = s_1^{3PR*} - s_2^{3PR*} = -\frac{\delta\left(A(ak + 7\beta C_m k) - \delta\theta(akx - \beta C_m + C_m k) - aFkx + BC_m k + \beta cm\delta^2 H\right)}{2k(3Ak + \delta^3 J - \delta\theta k)}$$

求解 $\Delta s^{3PR} = 0$，得 x_{11}。下面判断 $\Delta s^{3PR} = 0$ 关于 x 的单调性。

$$\frac{\partial \Delta s^{3PR}}{\partial x} = \frac{a\delta(4k - 3\delta^2 - \delta\theta)}{2(3k^2 + \delta^3(\delta + \theta) - k\delta(3\delta + \theta))} \tag{4-51}$$

由上节假设($k > \delta^2$、$\delta > \theta$)，可知 $\dfrac{\partial \Delta s^{3PR}}{\partial x} > 0$，因此 Δs^{3PR} 关于 x 单增，所以当 $x \geq x_{11}$，有 $s_1^{3PR*} \geq s_2^{3PR*}$。

定理4.4指出，当零售渠道所占的市场份额相对较大时，在零售商-第三方服务策略中，零售商会给消费者提供更优质的质保服务。这是因为零售商可以决定产品的零售价格，而零售价格则直接影响产品销量。如果此时零售商的潜在市场规模相对较大，那么零售商有更大的定价空间，可以通过提升价格增长利润，同时也更有能力为消费者提供更好的服务弥补价格的上涨。但是对于直销渠道而言，较高的市场价格本就会压缩直销渠道的销量，加上较小的市场规模，导致产品销量急剧下降，此时到第三方进行售后服务的消费者也会相应减少，在这种情况下，第三方在质保服务方面的竞争能力相对较弱。相反，当零售渠道的基础市场份额相对较小时，零售商的定价空间被压缩，与服务覆盖范围较广的第三方相比，零售商会更加迫切地希望降低服务成本，导致此时零售商的售后服务水平会低于第三方服务商。

以汽车制造商为例，对本章的结论进行补充和验证。某一汽车制造商生产某款汽车，根据市场销量调研可知，汽车基础市场份额较大，2020年8月份SUV销量排行榜数据显示，销量最高的汽车哈弗H6的日销量约为917辆/天，因此假定基础市场份额参数 $a = 2000$ 辆。考虑到汽车的维修质量直接关乎消费者的生命安全，对消费者而言十分重要，因此市场对质保服务的敏感系数相对较高($\delta = 10$)。另外，汽车的维修需要耗费大量人力物力，且质保周期相对较长，单次维修成本约为500元，所以设定 $C_m = 500$ 元。而通过对4S店的调研发现，服务代理商的服务手续费大多占比实际维修费用的10%左右，因此设定服务代理商的服务手续费率 $\beta = 0.1$。由于消费者对销售渠道的偏好较为固定，不会轻易更改，因此设定市场需求对服务水平差异的转移系数 $\theta = 0.1$。上述参数满足本章前面的假设，后续数例分析均沿用此案例。此次，消费者市场偏好程度系数 x 和质保服务成本系数 k 对零售商和第三方的质保服务质量的影响，如图4-2和4-3所示。

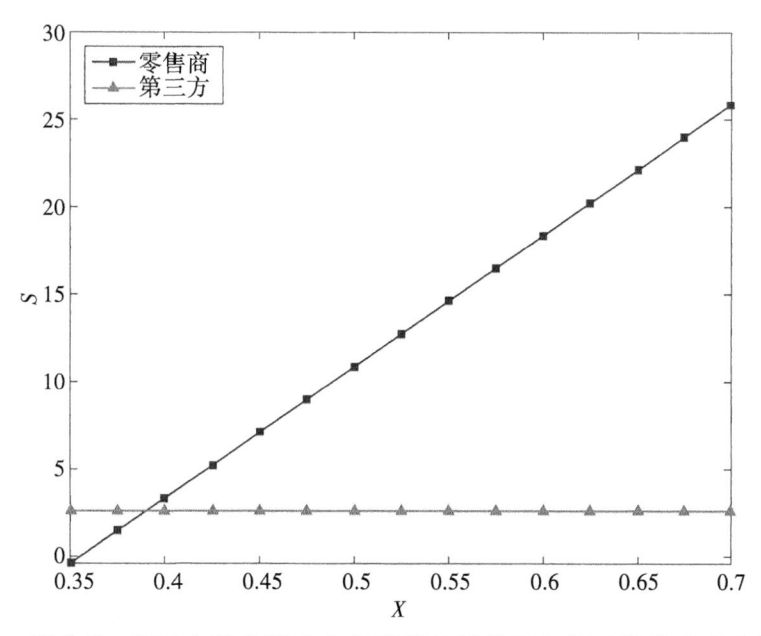

图4-2 零售商-第三方服务策略中代理商的最优服务策略随消费者市场偏好系数的变化情况（$k=190$）

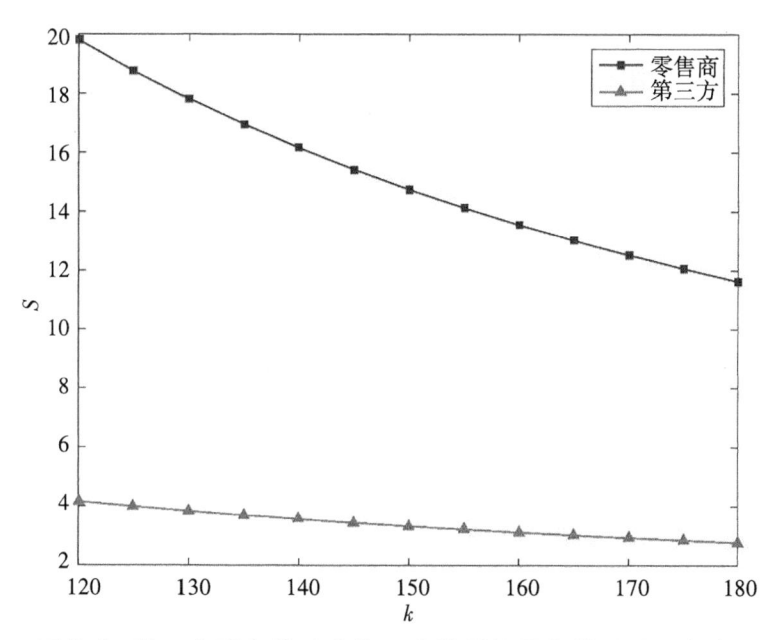

图4-3 零售商-第三方服务策略中代理商的最优服务策略随服务成本系数的变化情况（$x=0.5$）

图4-2和4-3分别给出在零售商-第三方服务策略中,零售商和第三方服务策略随消费者市场偏好系数x和服务成本系数k的变化情况。与定理一致,可以观察到,当消费者对零售渠道的偏好相对较大时,较第三方,零售商会提供更好的售后服务,反之亦然。并且通过图4-2可以观察到,随着消费者对零售渠道偏好的增加,零售商也会相应地提高质保服务水平。这是因为随着零售渠道潜在消费者的增多,零售商的利润空间也在增大,所以有能力提供更加优质的售后服务。

通过图4-3,可以观测到,在直销渠道和零售渠道的市场份额相同的情况下,零售商总是会提供更优质的售后服务。这是因为第三方的收入仅来源于制造商支付的服务佣金,而零售商除了服务佣金外,还可以通过售卖产品赚取利润,因此零售商更希望提供优质的质保服务以吸引更多消费者提升产品销量。另外,通过图4-3还可以发现双方的服务水平均随着服务成本系数的增加而减少,但第三方的波动相对较小。

下面,将通过定理4.5比较不同质保服务外包策略下的质保服务水平的差异。

定理4.5 在不同策略下的最优质保服务水平比较如下。

(a)零售商服务策略与第三方服务策略下的最优服务水平比较:当且仅当$x \geqslant x_{21}$时,有$s^{R*} \geqslant s^{3P*}$。

(b)零售商服务策略与零售商-第三方服务策略下的最优服务水平比较。

(i)当且仅当$x \geqslant x_{22}$时,有$s^{R*} \geqslant s_1^{3PR*}$。

(ii)当且仅当$x \geqslant x_{23}$时,有$s^{R*} \geqslant s_2^{3PR*}$。

(c)第三方服务策略与零售商-第三方服务策略下的最优服务水平比较。

(i)当且仅当$x \leqslant x_{24}$时,有$s^{3P*} \geqslant s_1^{3PR*}$。

(ii)$s^{3P*} \geqslant s_2^{3PR*}$。

其中,$x_{21} = \dfrac{aA + 2C_m(k + 2\beta E)}{2a(2k - \delta^2)}$,

$x_{22} = \dfrac{\delta J(A^2 - k^2) + \beta(2\delta^4 J^2 + k^2 E + \theta\delta k(6k - 10\delta^2) - 3k\delta^2(\delta^2 + \theta^2))}{a\delta(k^2 - 4k\delta^2 + 2\delta^4)J}$,

$x_{23} = \dfrac{aA + 2C_m(k + \beta E)}{2a(2k - \delta^2)}$,

$$x_{24} = \frac{akA + C_m\big(kB + \beta A(13k + 2\delta\theta\beta) + \beta\delta^2(k + 3\delta^2) - \delta\theta(k - \beta\delta\theta)\big)}{ak(F - \delta\theta)}。$$

证明：

(a) 对于制造商而言，$\Delta s^{R-3P} = s^{R*} - s^{3P*} = \dfrac{\delta k\big(2aBx - aA - 4E\beta C_m - 2C_m k\big)}{2k^2(3k - 2\delta^2)}$，

求解 $\Delta s^{R-3P} = 0$，得 x_{21}。下面判断 Δs^{R-3P} 的单调性。

$$\frac{\partial \Delta s^{R-3P}}{\partial x} = \frac{a\delta(2k - \delta^2)}{k(3k - 2\delta^2)} \tag{4-52}$$

由假设 $k > \delta^2$ 可知，$\dfrac{\partial \Delta s^{R-3P}}{\partial x} > 0$，因此 Δs^{R-3P} 关于 x 单增，所以当 $x \geq x_{21}$，有 $s^{R*} \geq s^{3P*}$。

(b)

(i) $\Delta s_1^{R-3PR} = s^{R*} - s_1^{3PR*} =$

$$\frac{\delta\big(C_m(2EA\beta\delta\theta - \delta Jk^2 - E\beta(\delta^4 + \delta^2\theta^2 - k)) - a\delta J(B\delta^2(1-2x) + k^2(x-1))\big)}{2Ek(3Ak + I\delta^3 - \delta\theta k)},$$

求解 $\Delta s_1^{R-3PR} = 0$，得 x_{22}。下面判断 Δs_1^{R-3PR} 的单调性。

$$\frac{\partial \Delta s_1^{R-3PR}}{\partial x} = -\frac{a\delta^2(\delta + \theta)\big(k - (2-\sqrt{2})\delta^2\big)\big(k - (\sqrt{2}+2)\delta^2\big)}{2k(3k - 2\delta^2)\big(\delta^3(\delta+\theta) + 3k^2 - \delta k(3\delta + \theta)\big)} \tag{4-53}$$

由假设 $\delta^2 < k < 2\delta^2$ 和 $\theta < \delta$ 可知，$\dfrac{\partial \Delta s_1^{R-3PR}}{\partial x} > 0$，因此 Δs_1^{R-3PR} 关于 x 单增，所以当 $x \geq x_{22}$，有 $s^{R*} \geq s^{3PR*}$。

(ii) $\Delta s_2^{R-3PR} = s^{R*} - s_2^{3PR*} = \dfrac{\delta k\big(aA + 2aBx + 2E\beta C_m + 2C_m k\big)}{2k^2(2\delta^2 - 3k)}$，求解 $\Delta s_2^{R-3PR} = 0$，

得 x_{23}。下面判断 Δs_2^{R-3PR} 的单调性。

$$\frac{\partial \Delta s_2^{R-3PR}}{\partial x} = \frac{a\delta(2k - \delta^2)}{k(3k - 2\delta^2)} \tag{4-54}$$

由假设 $\delta^2 < k < 2\delta^2$ 可知，$\dfrac{\partial \Delta s_2^{R-3PR}}{\partial x} > 0$，因此 Δs_2^{R-3PR} 关于 x 单增，所以当 $x \geq x_{23}$，有 $s^{R*} \geq s^{3PR*}$。

(c)

(i) $\Delta s_1^{3P-3PR} = s_1^{3P*} - s_1^{3PR*}$

$$= \frac{a\delta k(A - Fx + \delta\theta x) + C_m\delta(Bk - 2A\beta\delta\theta - 3A\beta H + 4\beta Fk - \delta\theta(\delta\theta + k))}{3Ak + \delta^3 J - \delta\theta k}, 求解$$

$\Delta s_1^{3P-3PR} = 0$, 得 x_{24}。下面判断 Δs_1^{3P-3PR} 的单调性。

$$\frac{\partial \Delta s_1^{3P-3PR}}{\partial x} = -\frac{a\delta(3k - 3\delta^2 + k - \delta\theta)}{2(\delta^3(\delta + \theta) + 3k^2 - \delta k(3\delta + \theta))} \quad (4\text{-}55)$$

由假设 $\delta^2 < k < 2\delta^2$ 和 $\theta < \delta$ 可知,$\dfrac{\partial \Delta s_1^{R-3PR}}{\partial x} < 0$,因此 Δs_1^{R-3PR} 关于 x 单减,所以当 $x \geq x_{24}$,有 $s^{3P*} \geq s_1^{3PR*}$。

(ii) $\Delta s_2^{3P-3PR} = s_2^{3P*} - s_2^{3PR*} = \dfrac{\beta C_m \delta}{k} > 0$,所以有 $s^{3P*} > s_2^{3PR*}$。

定理 4.5(a)显示,当消费者较青睐零售渠道时,相比于第三方服务策略,消费者会在零售商服务策略下享受到更优质的质保服务。这是因为零售商和第三方所提供的质保服务均为增值服务,具有正向溢出效应,可以间接促进直销和零售双渠道的产品销量。对于第三方服务代理商来说,由于其唯一利润来源就是服务佣金,所以其向零售渠道或直销渠道的消费者提供质保服务没有任何差异。不同于第三方,零售商需要和制造商的直销渠道直接争夺消费者,所以当零售渠道的市场份额相对较大时,他会更有动力提供优质的质保服务。相反,如果消费者更偏好直销渠道,零售商就不会投入过多成本在对直销渠道也有激励效果的质保服务上。这个定理也可以解释现实生活中的市场现象:对于书籍或CD这些标准化的产品,消费者更喜爱在线上渠道(直销渠道)购买,并且乐于直接享受第三方售后服务;但是对于汽车、家电等定制化产品来说,消费者更喜欢直接在线下渠道(零售渠道)购买,且更喜欢直接到零售商处享受保修服务[158,168]。

通过定理 4.5(b)可知,当零售渠道的市场份额相对较大时,相较于零售商-第三方服务策略,无论是从直销渠道还是零售渠道购买产品的消费者都会从零售商服务策略中享受到更好的售后服务。零售商服务策略下,零售商同时为两个销售渠道提供服务,此时服务质量可以同时为两个渠道增加销量,因此只有当零售渠道的潜在市场较大时,零售商才会更有动力提供优质的售后服务。

定理 4.5(c)指出,第三方服务策略和零售商-第三方服务策略中服务代理商对零售渠道的服务水平的比较取决于消费者的市场偏好系数 x。但是,对于直销渠道的消费者而言,他们总能在第三方服务策略中获得更好的质保服务。这是由于在第三方服务策略中,制造商将两个渠道的失效产品外包给第三方进行售后服务。相较于零售商-第三方服务策略(将零售渠道的失效产品转移到零售商处),在第三方服务策略下,服务代理商的服务质量对需求有更大的影响,可能会更有效地促进服务需求的增长。因此,在此方案下第三方会提供更优质的质保服务来增加收入。

通过定理4.5可以得知,当零售渠道的市场份额相对较大的时候($x \geq \max\{x_{21}, x_{22}\}$),消费者会在零售商服务策略中享受到最优质的质保服务。这个结论不同于Li等人[136]文献中的结论,他们的研究表明零售商提供的质保服务性价比较低(通过对每单位时长的延保收取更高额的价格)。这是因为本章侧重于服务外包模式下制造商的角色和影响,即制造商而并非服务代理商直接承担维修成本,并且制造商还会支付给服务代理商相应的服务费用。而在Li等人[136]的研究中,延保服务所带来的利润和成本都直接作用于服务代理商。因此本章得到的结论更有助于企业进行服务外包决策。

给定参数条件下,图4-4和4-5展示了消费者渠道偏好系数x和服务成本系数k对3种策略下服务代理商的服务质量的影响。

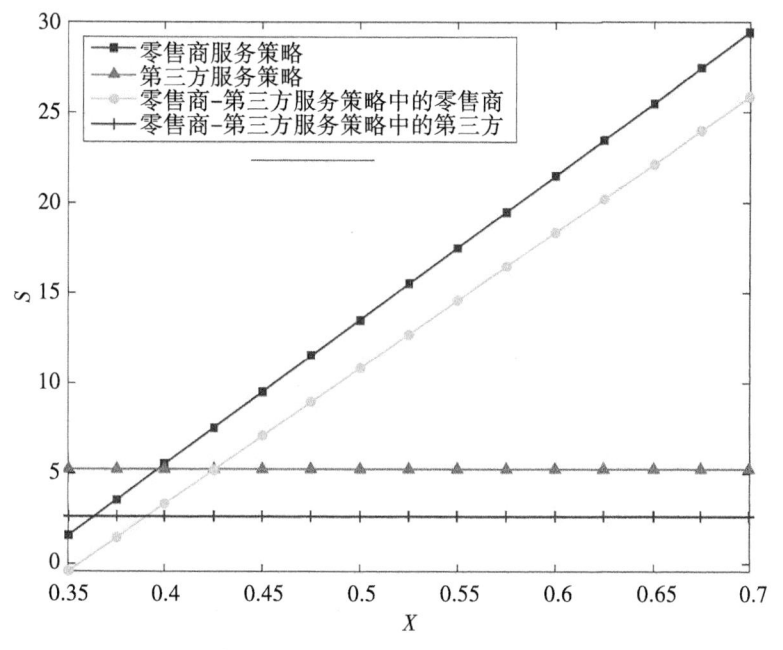

图4-4 最优服务策略随消费者市场偏好系数的变化情况($k = 190$)

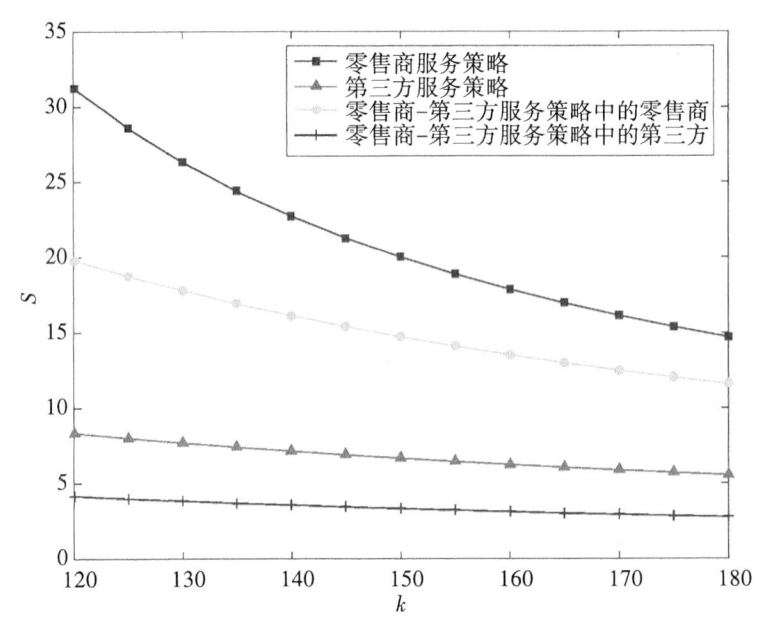

图 4-5　最优服务策略随服务成本系数的变化情况 ($x = 0.5$)

图 4-4 显示在第三方服务策略和零售商-第三方服务策略中,第三方服务代理商的服务质量均不会受到消费者渠道偏好系数 x 的影响,而零售商的服务水平会随着消费者对零售渠道偏好的增加而提升。此外,当零售商的市场份额相对较小时,第三方服务策略会为消费者带来最优质的质保服务。但是随着消费者偏向零售渠道,零售商服务策略的服务质量平稳上升,逐渐替代第三方服务策略,成为 3 个策略中提供最高服务质量的策略。

图 4-5 显示,3 个策略下的服务质量均随着成本系数 k 的增加而降低,其中零售商服务策略下的服务质量下降速率最大,但始终优于其他策略下的服务水平。另外,可以观察到当服务成本系数变化时,第三方服务策略和零售商-第三方服务策略中第三方的服务水平均波动不大。

4.4.2　不同策略下最优零售价格的比较与分析

除了质保决策外,价格也是影响销量和供应链成员利润的主要因素,本节着眼于价格分析,通过比较 3 个策略下的最优零售价格,得到一些管理学启示。

定理 4.6　在不同策略下的最优零售价格比较如下。

(a)零售商服务策略与第三方服务策略下的最优零售价格比较：当且仅当 $x \geq x_{31}$ 时，有 $p^{R*} \geq p^{3P*}$。

(b)零售商服务策略与零售商-第三方服务策略下的最优零售价格比较：当且仅当 $x \leq x_{32}$ 时，有 $p^{R*} \geq p^{3PR*}$。

(c)第三方服务策略与零售商-第三方服务策略下的最优零售价格比较：当且仅当 $x \leq x_{33}$ 时，有 $p^{3P*} \geq p^{3PR*}$。

其中，$x_{31} = \dfrac{a\delta^2 F + 2C_m\left(\beta E(k + 4\delta^2) + k\delta^2\right)}{2a\delta^2(5k - 3\delta^2)}$，

$x_{32} = \dfrac{a\delta A^3 J - C_m\left(k^2\delta AJ - k\beta(3k - 5\delta^2)(k^2 + \theta^2\delta^2) + k\beta\delta^3(2\theta(2\delta^2 - 7k) + \delta(5\delta^2 - k)) + 2\beta\delta(\delta^5 I + 6\theta k^3)\right)}{a\delta J\left(k^2(k - 5\delta^2) + 2\delta^4(3k - 2\delta^2)\right)}$，

$x_{33} = \dfrac{ak\delta(\delta E - \theta A) + C_m\left(k\delta(3k\delta + \theta) - k\delta^3 J - 3\beta\delta^2\theta^2 A + 2\beta\delta\theta(5k^2 - 6k\delta^2 + 8\delta^4) + 3k^2\beta H + \beta\delta^2 B(9k - 5\delta^2)\right)}{ak\delta(9k\delta - \theta A - 5\delta^3)}$。

证明：

(a)$\Delta p^{R-3P} = p^{R*} - p^{3P*} = \dfrac{a\delta^2\left(2x(5k - 3\delta^2) - F\right) - 2C_m(3A\beta H + 5\beta B\delta^2 + \delta^2 k)}{6k(3k - 2\delta^2)}$，

求解 $\Delta p^{R-3P} = 0$，得 x_{31}。下面判断 Δp^{R-3P} 的单调性。

$$\frac{\partial \Delta p^{R-3P}}{\partial x} = \frac{a\delta^2(5k - 3\delta^2)}{3k(3k - 2\delta^2)} \tag{4-56}$$

由假设 $k > \delta^2$ 可知，$\dfrac{\partial \Delta p^{R-3P}}{\partial x} > 0$，因此 Δp^{R-3P} 关于 x 单增，所以当 $x \geq x_{31}$，有 $p^{R*} \geq p^{3P*}$。

(b)$\Delta p^{R-3PR} = p^{R*} - p^{3PR*}$

$= \dfrac{a A\delta J(k^2 x - 2B\delta^2 x - \delta^4 - Gk) + C_m\left(Ak^2((12\beta + 1)\delta\theta - 3\beta k) - 2\beta\delta^3(B\delta^3 + G\theta k) + W_1\right)}{2k(3k - 2\delta^2)(\delta^3(\delta + \theta) + 3k^2 - \delta k(3\delta + \theta))}$，其中

$W_1 = \delta^2 Hk(\beta B + k) - EA\beta\delta^2\theta^2$，求解 $\Delta p^{R-3PR} = 0$，得 x_{32}。下面判断 Δp^{R-3PR} 的单调性。

$$\frac{\partial \Delta p^{R-3PR}}{\partial x} = \frac{a\delta(\delta + \theta)(k - \delta^2)\left(k - (2 - \sqrt{2})\delta^2\right)\left(k - (\sqrt{2} + 2)\delta^2\right)}{2k(3k - 2\delta^2)(\delta^3(\delta + \theta) + 3k^2 - \delta k(3\delta + \theta))} \tag{4-57}$$

由假设 $\delta^2 < k < 2\delta^2$ 和 $\theta < \delta$ 可知，$\dfrac{\partial \Delta p^{R-3PR}}{\partial x} < 0$，因此 Δp^{R-3PR} 关于 x 单减，所以

当 $x \leqslant x_{32}$，有 $p^{R*} \geqslant p^{3PR*}$。

(c) $\Delta p^{3P-3PR} = p^{3P*} - p^{3PR*}$

$$= \frac{a\delta k\left(E\delta - A\theta(1-x) - x\delta(9k-5\delta^2)\right) + C_m\left(A\delta\theta(k-3\beta\delta\theta+10\beta) + \beta B\delta^2(9k-5\delta^2) + W_2\right)}{6k(\delta^3(\delta+\theta) + 3k^2 - \delta k(3\delta+\theta))},$$

其中 $W_2 = \beta H(8\delta^3\theta + 3k^2) + \delta^2 k(3k-\delta^2)$，求解 $\Delta p^{3P-3PR} = 0$，得 x_{33}。下面判断 Δp^{3P-3PR} 的单调性。

$$\frac{\partial \Delta p^{3P-3PR}}{\partial x} = -\frac{a\delta(4\delta^3 - \theta k + \delta^2\theta + 9\delta(k-\delta^2))}{6(\delta^3(\delta+\theta) + 3k^2 - \delta k(3\delta+\theta))} \tag{4-58}$$

由假设 $\delta^2 < k < 2\delta^2$ 和 $\theta < \delta$ 可知，$\dfrac{\partial \Delta p^{3P-3PR}}{\partial x} < 0$，因此 Δp^{3P-3PR} 关于 x 单减，所以当 $x \leqslant x_{33}$，有 $p^{3P*} \geqslant p^{3PR*}$。

定理4.6(a)表明，除非直销渠道具有较大的市场份额占比，否则相比于第三方服务策略，零售商会在零售商服务策略中收取更高的零售价格。较大的市场份额会给予零售商更多的提价空间，而且同时为双渠道的消费者提供售后服务也会提升零售商的决策权力，因此零售商可以更加自由地提升价格进而增加自身利润。

通过定理4.6(b)可以发现，当消费者相对偏爱零售渠道时，相比于零售商服务策略，零售商会在零售商-第三方服务策略下索要一个更高的零售价格。这是因为在零售商-第三方服务策略下，零售商需要和第三方代理商进行服务竞争，而服务竞争会削弱零售价格对需求的影响。当零售渠道的市场规模较大时，零售商获得了较大的定价空间，而此时在零售商-第三方策略下，零售价格对需求的影响较小，所以零售商可以更加自由地提升价格以谋求更多利润。

定理4.6(c)指出，在零售渠道拥有较大市场份额的情况下，相较于第三方策略，零售商会在零售商-第三方服务策略中收取较高的零售价。在第三方服务策略中，质保服务仅由第三方服务代理商提供，零售商可以直接享受到质保服务的正向溢出效应，而无须额外支出成本，因此零售商的定价会较低。但是随着零售渠道市场份额的缩小，零售商-第三方服务策略下的渠道、服务双重竞争迫使零售商调整定价策略以维持销量，所以此时零售商-第三方服务策略下零售商的定价会比第三方服务策略更为低廉。

给定参数条件下，图4-6和4-7描述了消费者市场偏好程度 x 和质保服务成本系数 k 对零售商定价策略的影响。

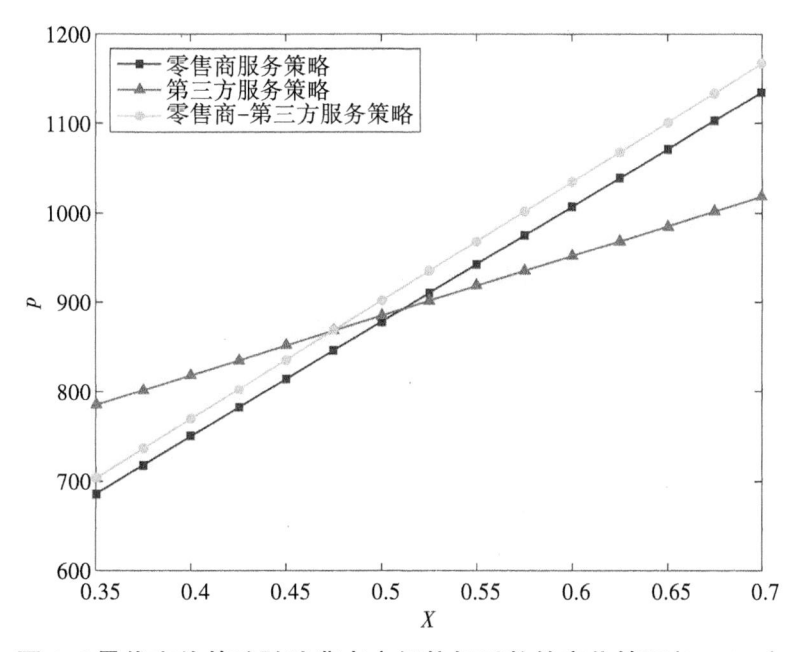

图4-6 最优定价策略随消费者市场偏好系数的变化情况($k = 190$)

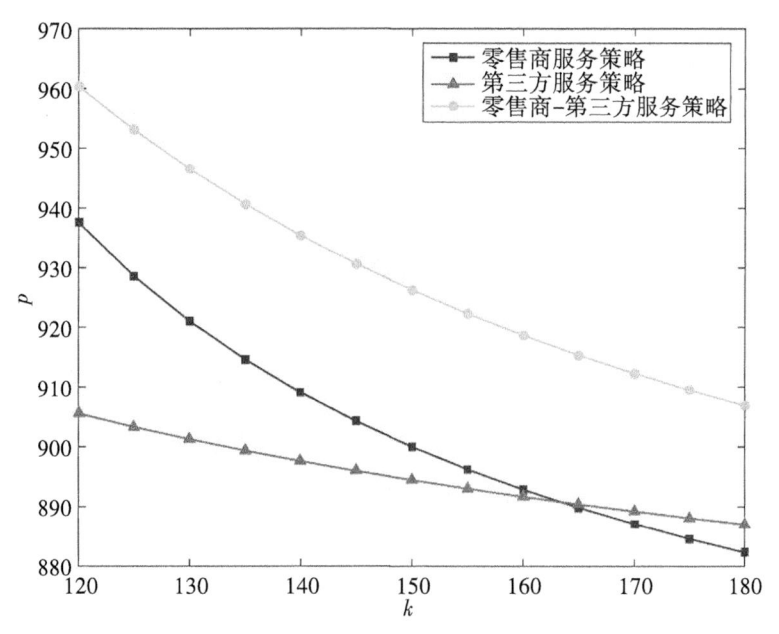

图4-7 最优定价策略随服务成本系数的变化情况($x = 0.5$)

图4-6给出了零售价格随消费者的市场偏好系数变化的波动情况。具体来说,3个策略下的零售价格都会随着零售商市场占比的增加而增加。较大的市场份额给了零售商更大的定价空间,因此零售商会提升价格,但是3个策略下价格增速有所不同,零售商-第三方策略下,由于服务竞争减弱了消费者对价格的敏感程度,因此增幅最大,而第三方服务策略下的零售价格上升则最为缓慢。当零售渠道的市场份额占比较小时,零售商会在第三方服务策略下制定最高的零售价格,但随着x的增加,零售商-第三方服务策略逐渐取代第三方服务策略,带来最高的产品价格。

图4-7显示,在3种策略下,零售价格均随服务成本系数的增加而降低。当成本系数相对较低时,消费者在第三方服务策略中会享受到一个更低廉的价格。但是随着成本系数k的增加,零售商服务策略中的价格呈现骤降趋势,所以当k较大时,零售商策略会取代第三方服务策略为消费者带来最低的产品价格。

4.4.3 不同策略下最优利润的比较与分析

本节主要探讨不同策略下供应链成员的利润差异。

4.4.3.1 对称情形

首先考虑对称情形,假设零售渠道和直销渠道有相同的市场份额,即$x = \frac{1}{2}$,观察此时不同策略下的供应链成员利润变化情况。

定理4.7 在不同策略下的最优零售价格比较如下。

(a)零售商服务策略与第三方服务策略下的最优利润比较:当且仅当$a \geq a_{11}$时,有$\varPi_M^{R*} \geq \varPi_M^{3P*}$。

(b)零售商服务策略下的最优利润总高于零售商-第三方服务策略。

(c)第三方服务策略与零售商-第三方服务策略下的最优利润比较:当且仅当$a \in [2C_m, a_{12}] \cup [a_{13}, \infty)$时,有$\varPi_M^{3P*} \geq \varPi_M^{3PR*}$。

(d)也就是说,当$a > \max\{a_{11}, a_{13}\}$,有$\varPi_M^{R*} > \varPi_M^{3P*} > \varPi_M^{3PR*}$,

其中,$a_{11} = \dfrac{C_m(3k^2 + 2\beta\delta^2 E - k(1+\beta)E) - C_m\beta G\sqrt{3kE}}{k\delta^2}$,

$$a_{12}=2\begin{pmatrix} 6\beta\theta k\delta^2 J - 15k\beta\delta^2 A + k\beta\delta^4 - 2k\theta\delta^2 J - \\ k\delta^2 + \theta^2 + k^2\delta\theta(8+5\beta) + 6k^3\beta + k\delta^4 - \\ 2C_m k\beta\sqrt{9k^6 + 3\delta^7 J^5 - 3k\delta^5 J^3(3\delta+\theta)^2 + 3U_1} \end{pmatrix} / (k^2\delta(\delta^3 + 8k\theta - 2\delta\theta - 3\delta\theta^2)),$$

$$a_{13}=2\begin{pmatrix} 6\beta\theta k\delta^2 J - 15k\beta\delta^2 A + k\beta\delta^4 - 2k\theta\delta^2 J - \\ k\delta^2 + \theta^2 + k^2\delta\theta(8+5\beta) + 6k^3\beta + k\delta^4 + \\ 2C_m k\beta\sqrt{9k^6 + 3\delta^7 J^5 - 3k\delta^5 J^3(3\delta+\theta)^2 + 3U_1} \end{pmatrix} / (k^2\delta(\delta^3 + 8k\theta - 2\delta\theta - 3\delta\theta^2)),$$

$U_1 = k^4\delta^2(26\delta^2 + 8\delta J + 3\theta I) - k^5\delta(15\delta + \theta) - k^3\delta^3 J(43\delta^2 + 16\delta\theta + 13\theta^2) - 8\theta^3 k^3\delta^3 + k^2\delta^4 J(28\delta^3 + 41\delta^2\theta + 22\delta\theta^2 + 5\theta^3)$。

证明：

（a）通过求解 $\Pi_M^{R*} - \Pi_M^{3P*} = 0$，可得

$$a_{11} = \frac{C_m(2E\beta\delta^2 + 3k^2 - E(\beta+1)k - \beta G\sqrt{3Ek})}{k\delta^2} \qquad (4-59)$$

$$a_{14} = \frac{C_m(2E\beta\delta^2 + 3k^2 - E(\beta+1)k + \beta G\sqrt{3Ek})}{k\delta^2} \qquad (4-60)$$

因为 $a_{14} < 2C_m$，所以舍掉。又因为 a^2 前面的系数 $\dfrac{\delta^2}{18k - 12\delta^2} > 0$，所以当 $a \geqslant a_{11}$ 时，有 $\Pi_M^{R*} \geqslant \Pi_M^{3P*}$。

（b）通过求解 $\Pi_M^{R*} - \Pi_M^{3PR*} = 0$，可得

$$a_{15} = -\beta k^2 G(6k - 13\delta^2) + 2k\delta\theta(2kB - \delta^2 E) + \theta\beta k\delta(9kA - \delta^2(3k - 7\delta^2)) + k\delta^2(8kA + \delta^2 G) - 2\beta\delta^5 IJ^2 + \beta\delta^3 k(11\delta^3 - 4\delta\theta^2 - 3\theta^3) + k\theta^2\delta^2(3\beta B - kE) - 2C_m k\beta\sqrt{k\beta EW_3} / k^2\delta J(8k^2 + 2\delta^3 J - k\delta(7\delta + 3\theta)) \qquad (4-61)$$

$$a_{16} = -\beta k^2 G(6k - 13\delta^2) + 2k\delta\theta(2kB - \delta^2 E) + \theta\beta k\delta(9kA - \delta^2(3k - 7\delta^2)) + k\delta^2(8kA + \delta^2 G) - 2\beta\delta^5 IJ^2 + \beta\delta^3 k(11\delta^3 - 4\delta\theta^2 - 3\theta^3) + k\theta^2\delta^2(3\beta B - kE) - 2C_m k\beta\sqrt{k\beta EW_3} / k^2\delta J(8k^2 + 2\delta^3 J - k\delta(7\delta + 3\theta)) \qquad (4-62)$$

其中，$W_3 = k^2\theta^2\delta^3 J(6k - \delta^2) - 2k^2\theta\delta^4 I(k - 3\delta^2) - 3k^2\delta^4 IJ(8k - 7\delta^2) + k^3\delta^2(14k^2 + 37k\delta^2 - 8\delta^4) + k^4\delta^2\theta(\delta - 16\theta) + k\delta^6 IJ^2(\theta - 7\delta) + \delta IJ^3(k + \delta^6 I) + k^5(3k - 7\delta J) - 3k^2\theta^3\delta^4(2\delta + I)$，因为 $W_3 < 0$，所以两解均舍掉。下面判断 a^2 前面的系数

$$\frac{\delta(\delta+\theta)\left(2\delta^{3}(\delta+\theta)+8k^{2}-\delta k(7\delta+3\theta)\right)}{4(3k-2\delta^{2})\left(\delta^{3}(\delta+\theta)+3k^{2}-\delta k(3\delta+\theta)\right)}>0, 所以 \Pi_{M}^{R*} 恒大于 \Pi_{M}^{3PR*}。$$

(c) 通过求解 $\Pi_{M}^{3P*} - \Pi_{M}^{3PR*} = 0$, 求得两解 a_{12} 和 a_{13}。

又因为 a^2 前面的系数 $\dfrac{\delta(\delta^{3}-2\delta^{2}\theta-3\delta\theta^{2}+8\theta k)}{24(\delta^{3}(\delta+\theta)+3k^{2}-\delta k(3\delta+\theta))}>0$, 所以当 $a \in [2C_m, a_{12}] \cup [a_{13}, \infty)$ 时, 有 $\Pi_{M}^{3P*} \geq \Pi_{M}^{3PR*}$。

定理4.7表明, 当基础市场份额 a 达到较大值, 制造商更偏向于零售商服务策略以谋求高额利润。在零售商服务策略中, 制造商将两个销售渠道的售后服务均外包给零售商, 这导致零售商在服务和定价等方面拥有更大的自主权。当基础市场相对较大时, 零售商会提升他的服务水平, 但是第三方的决策与基础市场无关, 所以基础市场的大小不会改变第三方的服务策略。由于第三方无法及时地调整服务水平, 导致需求量难以显著提升, 因此制造商在第三方服务策略中赚取的利润更少。

通过定理4.7, 也可以发现当基础市场份额在一个合适的范围内时, 相较于第三方服务策略, 制造商更喜欢采取同时外包给零售商和第三方的混合外包策略。在零售商-第三方服务策略中, 直销渠道需要和零售渠道进行质保服务竞争, 一个相对较大的基础市场会加剧渠道间的竞争, 而激烈的竞争又会促使零售商采取一定的定价策略来维持收入, 但同时不可避免地, 会导致需求量的减少, 从而牺牲制造商的整体利润。因此, 当参数 a 相对较大时, 制造商会更倾向于第三方服务策略。

上述的结论与Li等人[158]的结果有所不同。在他们的研究中, 第三方总是为制造商带来最低的利润。但是本章表明, 当基础市场份额较小时, 相较于零售商服务策略, 第三方服务策略也会成为制造商的最优选择。造成这种差异的根本原因在于本节在传统零售渠道的基础上, 考虑了双渠道供应链, 零售商需要与制造商的直销渠道进行竞争, 所以有时会为了追求自身利润的最大化, 而牺牲制造商的收益。

定理4.8 在不同策略下的零售商最优利润比较如下。

(a) 零售商服务策略与第三方服务策略下的最优利润比较: 当且仅当 $a \geq a_{21}$ 时, 有 $\Pi_{R}^{R*} \geq \Pi_{R}^{3P*}$。

(b)零售商服务策略与零售商-第三方服务策略下的最优利润比较：当且仅当 $a \geq a_{22}$ 时，有 $\Pi_R^{R*} \geq \Pi_R^{3PR*}$。

(c)第三方服务策略与零售商-第三方服务策略下的最优利润比较。

(i)如果 $\theta_1 \leq \theta \leq \theta_2$，而且 $a \in [2C_m, a_{23}] \cup [a_{24}, \infty)$。

(ii)如果 $\theta \in [0, \theta_1] \cup [\theta_2, \delta)$，而且 $a_{23} \leq a \leq a_{24}$。

有 $\Pi_R^{3P*} \geq \Pi_R^{3PR*}$；

也就是说，当 $a > \max\{a_{21}, a_{22}, a_{24}\}$，且 $\theta \in [0, \theta_1] \cup [\theta_2, \delta)$，有 $\Pi_R^{R*} > \Pi_R^{3PR*} > \Pi_R^{3P*}$，

其中，$a_{21} = \dfrac{2C_m\left(\beta G\left(-8\delta^4 - 18k^2 + 24\delta^2 k\right) + 15\delta^2 k^2 - 8\delta^4 k\right) + 6\beta C_m E G\sqrt{2Bk}}{\delta^2 k\left(15k - 8\delta^2\right)}$,

$a_{22} = \dfrac{2C_m\left(3k^2\left(4k - 3\delta^2\right) - 4k\delta^2 A + k^2\beta E - \beta\delta^2 E\left(\delta^2 + \theta^2\right) - k\delta\theta\left(5k - 4\delta^2\right) + 2\beta\theta\delta EA\right)}{k\left(12k^2 - 13k\delta^2 + 4\delta^4 - 5k\delta\theta + 4\delta^3\theta\right)}$,

$a_{23} = \dfrac{2C_m k\left(U_2 - 73k^2\beta\delta^4 E\right) - 12k\beta C_m\sqrt{2k\left(k^2\delta\theta\left(-10k + 27\delta^2\right) - \delta^5\theta\left(23k - 7\delta^2\right) + \delta^2\theta^2\left(6k^2 - 10k\delta^2 + 5\delta^4\right)\right)^2}}{9k^2\delta F - 39k\delta^3 A - 8\delta^7 - 24k^2\theta H + 2\delta^4\theta\left(23k - 8\delta^2\right) + \delta\theta^2\left(10k^2 + 7k\delta^2 - 8\delta^4\right)}$,

$a_{24} = \dfrac{2C_m k\left(U_2 - 73k^2\beta\delta^4 E\right) + 12k\beta C_m\sqrt{2k\left(k^2\delta\theta\left(-10k + 27\delta^2\right) - \delta^5\theta\left(23k - 7\delta^2\right) + \delta^2\theta^2\left(6k^2 - 10k\delta^2 + 5\delta^4\right)\right)^2}}{9k^2\delta F - 39k\delta^3 A - 8\delta^7 - 24k^2\theta H + 2\delta^4\theta\left(23k - 8\delta^2\right) + \delta\theta^2\left(10k^2 + 7k\delta^2 - 8\delta^4\right)}$,

$\theta_1 = \dfrac{12k^2 H - 23k\delta^4 + 8\delta^6 - 6k^{2\sqrt{2kB}}}{10k^2\delta + 7k\delta^3 - 8\delta^5}$,

$\theta_2 = \dfrac{12k^2 H - 23k\delta^4 + 8\delta^6 + 6k^{2\sqrt{2kB}}}{10k^2\delta + 7k\delta^3 - 8\delta^5}$,

$U_2 = 36k^3\beta A\left(6\delta^2 - k\right) + 89k\beta\delta^6 B - 8\beta\delta^8 E - 24k^3\delta\theta H + 2k\delta^5\theta\left(23k - 8\delta^2\right) + \beta\theta\delta A\left(102k^3 - 225k^2\delta^2 + 139k\delta^4 - 32\delta^6\right) + k\theta^2\delta^2\left(10k^2 + 7k\delta^2 - 8\delta^4\right) + \beta\theta^2\delta^2\left(122k^2\delta^2 - 80k^3 - 67k\delta^4 + 16\delta^6\right) + 9k\beta\theta^3\delta^3 B + 24k^3\theta\delta H + 2k\theta\delta^5\left(23k - \delta^2\right)$。

证明：

(a)通过求解 $\Pi_R^{R*} - \Pi_R^{3P*} = 0$，可得

$$a_{21} = \dfrac{2C_m\left(2\beta G\left(12\delta^2 k - 4\delta^4 - 9k^2\right) + 15\delta^2 k^2 - 8\delta^4 k\right) + 6\beta C_m E G\sqrt{2Bk}}{\delta^2 k\left(15k - 8\delta^2\right)}, \quad (4\text{-}63)$$

$$a_{25} = \dfrac{2C_m\left(2\beta G\left(12\delta^2 k - 4\delta^4 - 9k^2\right) + 15\delta^2 k^2 - 8\delta^4 k\right) - 6\beta C_m E G\sqrt{2Bk}}{\delta^2 k\left(15k - 8\delta^2\right)}. \quad (4\text{-}64)$$

因为 $a_{25} < 2C_m$,所以舍掉。又因为 a^2 前面的系数为 $\dfrac{15\delta^2 k - 8\delta^4}{36(3k - 2\delta^2)^2} > 0$,所以当 $a \geqslant a_{21}$ 时,有 $\Pi_R^{R*} \geqslant \Pi_R^{3P*}$。

(b)通过求解 $\Pi_R^{R*} - \Pi_R^{3PR*} = 0$,可得

$$a_{22} = \frac{2C_m(\delta Jk^2 - EA\beta(2\delta\theta + H) + E\beta\delta^2\theta^2)}{\delta k^2(\delta + \theta)} \tag{4-65}$$

$$a_{26} = \frac{2C_m(E\beta\delta\theta(2A - \delta\theta) + A\beta\delta^2 G + Ak(\beta k - 4\delta^2) + 3Fk^2 - 5\delta\theta k^2 + 4\delta^3\theta k)}{k(4\delta^3(\delta + \theta) + 12k^2 - \delta k(13\delta + 5\theta))}$$

$$\tag{4-66}$$

因为 $a_{26} < C_m$,所以舍掉。a^2 前面的系数为

$$\frac{k(2k - \delta^2)(\delta k(\delta + \theta)(4\delta^3(\delta + \theta) + 12k^2 - \delta k(13\delta + 5\theta)))}{16(3k - 2\delta^2)^2(\delta^3(\delta + \theta) + 3k^2 - \delta k(3\delta + \theta))^2} > 0,\text{所以当 } a \geqslant a_{22}$$

时,有 $\Pi_R^{R*} \geqslant \Pi_R^{3PR*}$。

(c)通过求解 $\Pi_R^{3P*} - \Pi_R^{3PR*} = 0$,可得 a_{23} 和 a_{24}。下面判断 a^2 前面的系数,$\dfrac{4(3Ak + \delta^3 J - \delta\theta k)^2 - 9Bk(\delta\theta - B)^2}{144(\delta^3(\delta + \theta) + 3k^2 - \delta k(3\delta + \theta))^2}$。令系数为 0,求得 θ_1 和 θ_2。判断 θ^2 前面系数,$-4(7\delta^4 k - 8\delta^6 + 10\delta^2 k^2) < 0$,所以当 θ 取两解之间,a^2 前面系数大于 0,当 $a \in [2C_m, a_{23}] \cup [a_{24}, \infty)$,有 $\Pi_R^{3P*} \geqslant \Pi_R^{3PR*}$,反之亦然。

定理 4.8(a)和(b)指出零售商希望自己单独服务两个渠道消费者的参数条件。在零售商服务策略中,零售商可以同时决策零售价格和服务水平,拥有较大的决策权,可以通过联合优化零售价格和质保服务来最大化自身利润。但是在第三方服务策略和零售商-第三方服务策略中,第三方会介入并承担部分服务职能,这限制了零售商的服务权力,削弱了其对市场的把控能力,而且随着市场规模的增加,这种影响力会更加明显。因此当市场规模较大时,零售商会更倾向于零售商服务策略。

定理 4.8(c)比较了零售商在零售商服务策略和零售商-第三方服务策略下的利润变化。零售商在这两个策略下的利润大小主要取决于市场规模和服务竞争强度两方面因素。在零售商-第三方服务策略下,激烈的服务竞争会促使零售

商提高服务质量从而产生较大服务成本,此时如果市场规模较大,零售商可以通过适当调整价格弥补成本,从而使零售商-第三方服务策略产生更高的利润。

上述某些结果与Li等人[158]的结果有明显差异。他们的研究表明,零售商始终希望由自己来提供服务。相比之下,本章的结果显示,如果市场规模较小,零售商更愿意由第三方而非自己来提供服务。这是因为,除了零售渠道,本章还考虑了直销渠道。在零售商服务策略中,零售商提供的保修服务具有正向溢出效应,即对直销渠道的销量也有激励作用。因此,除非零售商具有相对较大的市场规模,否则他不会那么热衷于提供增值服务。

从定理4.7和4.8中,可以看出,当基准市场规模相对较大时,对于制造商和零售商来说,零售商服务策略都是最优选择。这个结果也解释了为什么许多主导市场的大企业往往选择与零售商签订质保服务外包合同。例如,汽车行业中的领军厂商(通用汽车、大众汽车等)已经与零售商(4S店)签订了多年的服务外包合约,将售后服务全权外包给零售商负责[15,17]。

定理4.9 对于第三方服务代理商来说,当且仅当$a \geq a_{31}$时,有$\Pi_{3P}^{3P*} \geq \Pi_{3P}^{3PR*}$。

证明:

通过求解$\Pi_{3P}^{3P*} - \Pi_{3P}^{3PR*} = 0$,可得单一解$a_{31}$。下面判断$a$前面的系数,$\dfrac{\beta C_m \left(\delta^2 \left(\delta^2 - 2\delta\theta - 3\theta^2\right) + 6k^2 + \delta k (5\theta - 3\delta)\right)}{12\left(\delta^3(\delta + \theta) + 3k^2 - \delta k(3\delta + \theta)\right)} > 0$。因此可以得到,当$a \geq a_{31}$时,有$\Pi_{3P}^{3P*} \geq \Pi_{3P}^{3PR*}$。

定理4.9指出,当市场规模较小时,第三方服务代理商会更青睐零售商-第三方服务策略。这是因为当市场规模较小时,产品销量过低,第三方通过维修产品赚取的佣金十分有限,同时服务两个渠道的消费者也无法为其带来有效利润,此时零售商分摊零售渠道消费者的售后服务反而减轻第三方的成本负担,所以第三方在零售商-第三方服务策略下会获得更多利润。

给定参数条件下,图4-8、图4-9和图4-10描述了3种不同质保策略下,基础市场规模系数a对制造商、零售商以及第三方的利润影响。

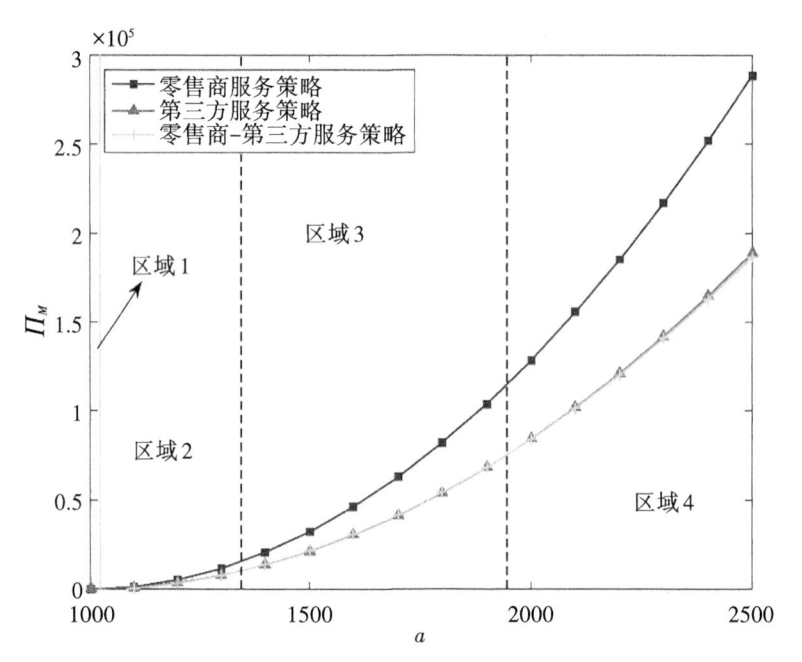

图4-8　制造商最优利润随基础市场规模的变化情况

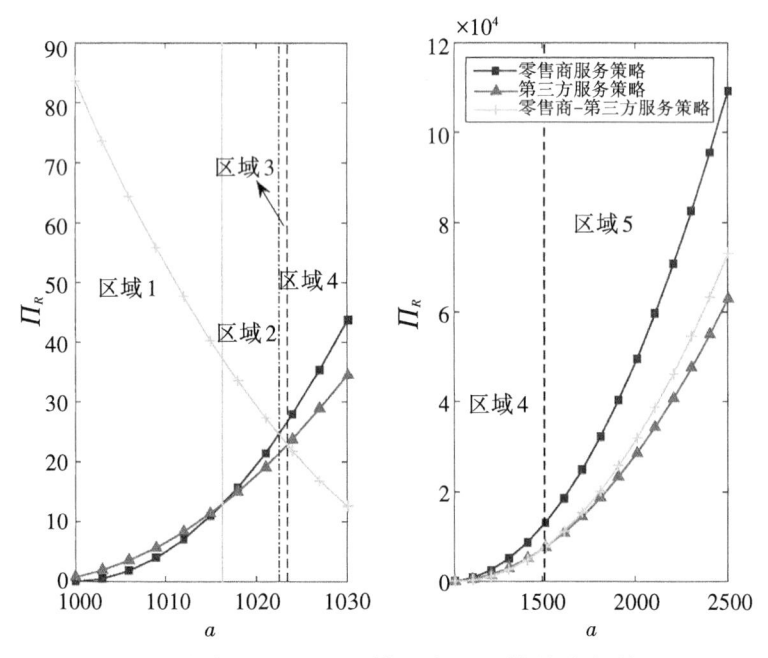

图4-9　零售商最优利润随基础市场规模的变化情况

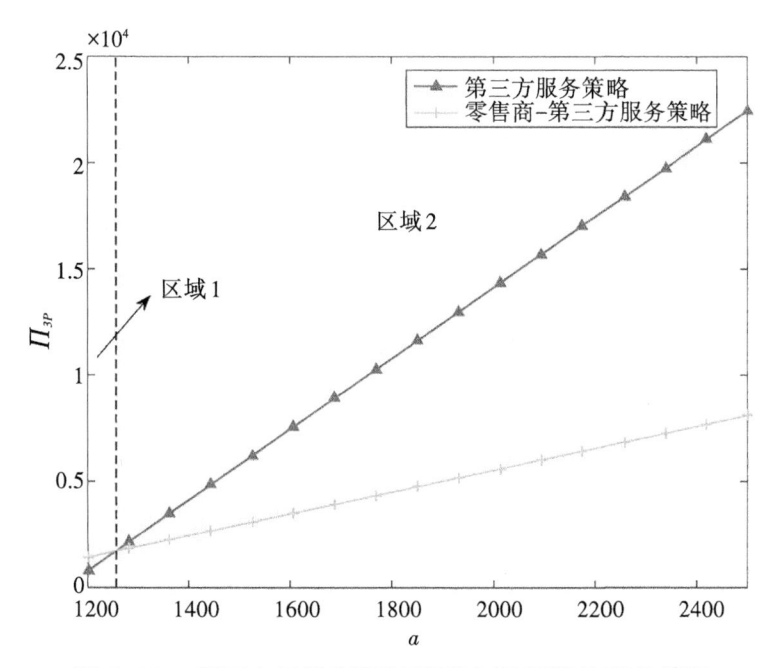

图 4-10　第三方最优利润随基础市场规模的变化情况

图 4-8 展示了随着基础市场规模系数 a 的增加,制造商的最优利润的变化趋势。在该图中,3 条垂直于横轴的直线将图像分为 4 个区域。其中,实线对应 $\Pi_M^{R*} = \Pi_M^{3P*}$,虚线对应 $\Pi_M^{3P*} = \Pi_M^{3PR*}$。如果基础市场份额足够小(即 $a \leqslant 1021.82$),则制造商会选择单独外包给第三方服务代理商以获得高额的利润,如区域 1 所示;但是随着市场规模的增加,制造商逐渐偏向于零售商服务策略(区域 2~4)。另外,制造商在第三方服务策略和零售商-第三方服务策略下的利润十分接近,在市场规模较大的情况下,都远远低于零售商服务策略下的利润。在区域 2 和 4 中,制造商在第三方服务策略下的利润会略高于零售商-第三方服务策略,但是当市场规模适中时($1346.53 \leqslant a \leqslant 1944.69$),零售商-第三方服务策略会给制造商带来更多的利润。

为了凸显变化的趋势,图 4-9 分段展示了零售商最优利润随基础市场规模变化情况。同图 4-8,4 条垂直于横轴的直线将图 4-9 分为 5 个区域。其中实线对应 $\Pi_R^{R*} = \Pi_R^{3P*}$,虚线对应 $\Pi_R^{3P*} = \Pi_R^{3PR*}$,点横线对应 $\Pi_R^{R*} = \Pi_R^{3PR*}$。从图中可以看出,零售商的最优利润在零售商服务策略和第三方服务策略下均随着基础市场规模的增加而增加,不同于前两个策略,在零售商-第三方服务策略下则随着基础市场规模的增长呈现先减后增的变化趋势。此外,通过图4-9还可以观察到零售商服务策略下的利润函数增速最快,且能够在基础市场规模达到一定程度后(即$a \geq 1022.49$),带给零售商最高利润。但当市场份额较小时(区域1和2),零售商则更希望自己放弃对直销渠道的服务权,专注为零售渠道的消费者提供服务。另外,当市场规模较适中时($1023.43 \leq a \leq 1512.98$),零售商会尽量避免和第三方发生服务竞争,因为此时零售商-第三方服务策略给零售商带来的利润最低。

第三方服务策略和零售商-第三方服务策略的比较如图4-10所示。一条垂直的虚线($\Pi_{3P}^{3P*} = \Pi_{3P}^{3PR*}$)将该图分割成两个区域。当基础市场规模相对较小时($a \leq 1255.84$),第三方更偏向于零售商-第三方服务策略,但当基础市场逐渐增大时(区域2),第三方服务策略会给代理商带来更大的利润。另外,第三方的利润函数均随着a的增加而呈上升趋势,第三方服务策略的增幅较零售商-第三方服务策略更大,所以随着市场规模的变大,第三方会愈加希望同时承包两个渠道的质保服务以赚取更多的佣金提升收益。

4.4.3.2 非对称情形

本节着重考虑在非对称情形下(即$x \neq \dfrac{1}{2}$),消费者的渠道偏好对供应链成员利润的影响。考虑到利润函数的复杂性,很难直接进行解析比较。因此,本节利用数值算例来比较结果,并回答如下两个问题:①供应链成员的利润函数在不同策略下有什么变化? ②在3种策略下,消费者渠道偏好会如何影响利润函数?

给定参数条件下,图4-11、图4-12和图4-13探讨比较了不同供应链成员的利润变化。

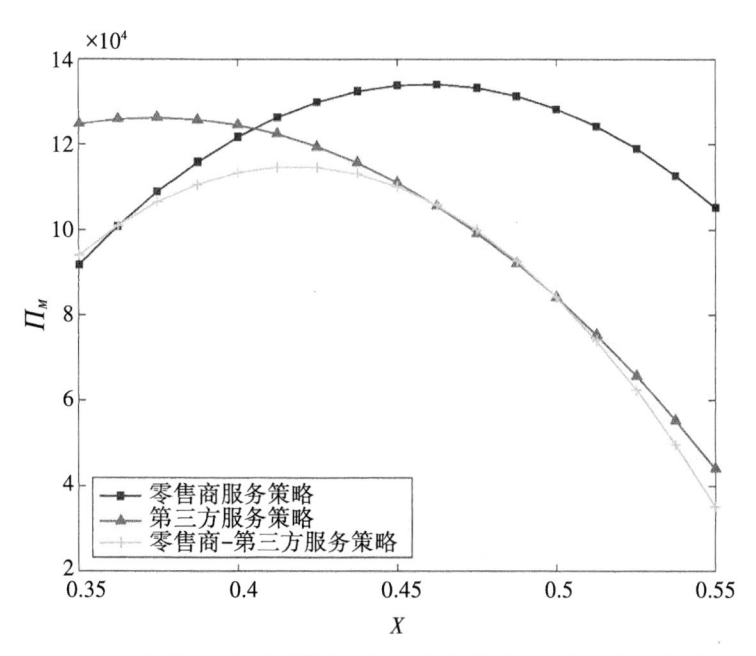

图4-11 制造商最优利润随消费者渠道偏好系数的变化情况

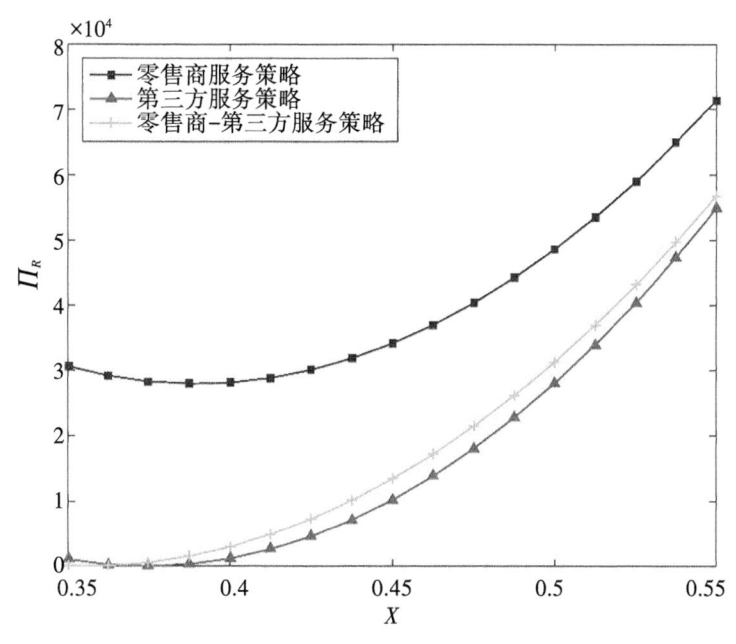

图4-12 零售商最优利润随消费者渠道偏好系数的变化情况

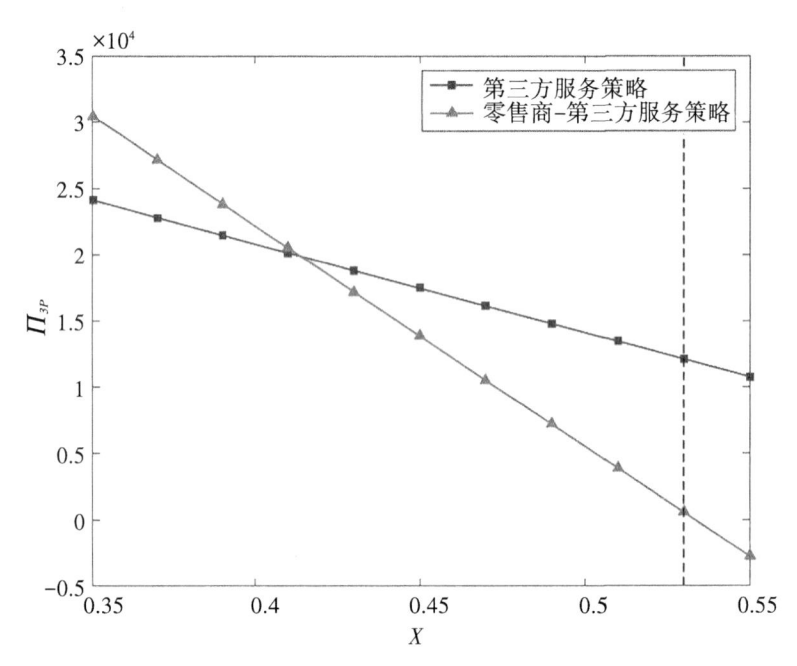

图 4-13 第三方最优利润随消费者渠道偏好系数的变化情况

图 4-11 显示,随着消费者对零售渠道偏好的增加,制造商在 3 种策略下的利润均呈现先增后减的趋势。此图还展示出 3 种策略下制造商利润的差异情况。当消费者较偏向直销渠道时($x \leq 0.405$),制造商会更青睐第三方服务策略。但是当消费者更多偏向于零售渠道时,零售商服务策略会给制造商带来更多利润。同时,通过图 4-11 还可以发现,零售商-第三方服务策略在大多区间内都会给制造商带来最低的利润。但是,考虑到服务差异性的可能性,零售商-第三方服务策略也是一个很好的选择。

图 4-12 显示,随着消费者对零售渠道偏好的增加,零售商在 3 个策略下的利润均呈现先减后增的趋势,与制造商利润的变化情况恰恰相反。而且通过此图还可以发现,零售商服务策略会给零售商带来最高的利润,而且远高于其他两种策略。因为零售商在此策略下拥有价格、服务双重决策权,联合优化可以为其谋取更多收益。在第三方服务策略和零售商-第三方服务策略下,失去部分甚至全部服务掌控力,会大大削弱零售商的决策权,导致利润受损。另外,这两种策略下的零售商利润函数变化趋势十分接近,失去全部服务决策权的零售商在第三方服务策略下的利润只是略低于零售商-第三方服务策略。

图4-13显示在第三方服务策略和零售商-第三方服务策略下,第三方的利润均随着零售渠道所占市场份额的增加而下降。有趣的是,当系数 x 达到 0.53 时,第三方在零售商-第三方服务策略中利润变为负值。因为在此策略下,第三方处于相对被动的地位,并且只能决策直销渠道的质保服务,权力较小,处于劣势状态。如果此时直销渠道的市场份额相对较小,第三方的利润空间将被极度压缩,导致其退出市场,不再参与博弈。

4.5 本章小结

本章以双渠道供应链为背景,探讨了制造商如何选择质保服务代理商能为企业带来更多收益。通过构建以制造商为领导者的斯坦伯格博弈模型,本章讨论了3种常见的外包模式:制造商将双渠道的质保服务外包给零售商(零售商服务策略)、外包给第三方(第三方服务策略)、同时外包给零售商和第三方(零售商-第三方服务策略)。通过优化各成员的利润函数,得到制造商和零售商在不同模型下的最优定价、服务策略。并且通过数值分析,对供应链成员的收益进行了比较,提出每种策略的优势和局限性。

最后本章得出几点管理学启示:当市场规模相对较大时,零售商服务策略可为制造商和零售商创造最高利润,从而帮助供应链实现双赢局面。对于第三方而言,只有在基础市场规模相对较小时,零售商-第三方服务策略才能为其带来更多的利润,否则第三方策略为其带来的服务权力会帮助其获得更多收益。此外,当消费者对传统零售商的偏好达到一定边界值时,第三方在第三方服务策略与零售商-第三方服务策略下都无法获得收益,从而被迫退出市场。

第5章

考虑欺诈行为的质保服务外包策略研究

5.1 引言

第3章和第4章分别讨论了制造商在单渠道和双渠道供应链背景下的服务商选择问题,而本章则进一步讨论在选定服务代理商后,制造商和代理商之间的合约选择问题。制造商选择质保服务外包后,需要和服务代理商签订一份外包合同,明确双方在技术、经济等方面的权利和义务[169]。考虑到价格是达成合作的关键因素,所以本章聚焦在价格合约,提出两种市场中常见的合约类型:固定价格合同与成本加成合同[69]。

通过外包,制造商和服务代理商可以达成合作关系,但是两者之间仍存在着内在矛盾。制造商希望尽量压缩维修成本,而服务代理商却需要通过维修赚取利润。两者间的利益冲突导致服务代理商可能会采取不正当的手段甚至质保欺诈以谋求收益。有报告显示3%~15%的质保理赔中含有欺诈成分,包括为人为损坏的产品提供质保理赔、利用回收的二手材料维修产品等。

为了刻画上述问题,本章将欺诈行为具体到质保服务这一层面,根据合约的不同,服务商可能会采取过度服务或劣质服务,而这会直接导致制造商的售后成本波动与消费者的满意度改变。因此制造商需要投入额外的精力对服务商的质保服务流程进行抽查。通过建立制造商与服务代理商的博弈模型,本章得到双方的最优服务、检查以及定价策略;并且通过解析和数值比较,得到两个合约下供应链成员的决策变化,分析制造商的最优合约选择和相关条件,揭示了相似公司采用不同质保服务外包合约背后的原因。另外,除了对质保服务质量进行探讨外,本章还增加了对质保时长决策的研究。考虑质保时长和服务水平对产品销量的联合作用,发现当市场对服务质量或质保时长相对敏感时,成本加成合同会为制造商带来更多的利润。

5.2 问题描述

本章研究了一个由制造商和独立的服务代理商组成的供应链。制造商以固定成本生产耐用品,并将产品直接以零售价格 p 销售到末端市场。由于耐用品的特殊性,制造商为所售产品提供免费的质保服务。为了避免建设售后网络所带来的巨大成本[69],制造商将质保服务外包给独立的服务代理商。

确定服务外包后,制造商和代理商之间需要签订合同,详细规定双方的权利和义务。由于支付是影响双方收益的最主要的因素,因此本章将重点放在支付合约的选择上,考虑了两种常见的质保服务外包支付合同:固定价格合同与成本加成合同。在固定价格合同(合同F)中,制造商每销售单位产品,需要支付给服务代理商费用T,囊括所有维修费用和服务费用,服务代理商需要在质保期内维修所有失效产品,并且后期不会对制造商进行额外收费。在成本加成合同(合同C)中,每次保修索赔后,服务代理商都会向制造商索要维修成本费用和服务手续费。两种质保服务外包合同具体如图5-1所示。

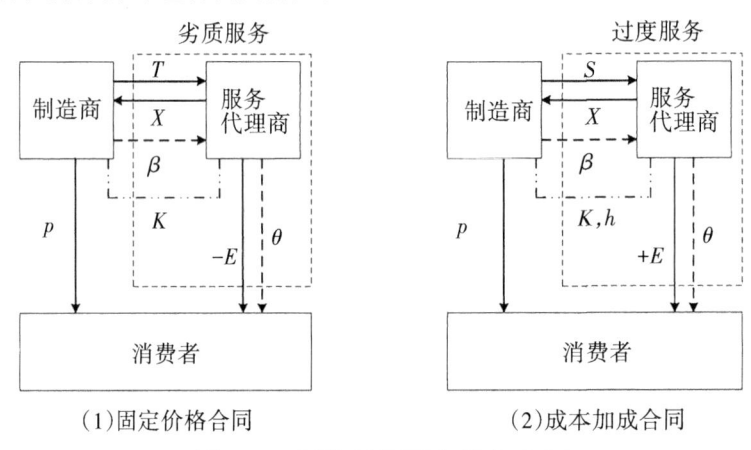

图5-1 两种质保服务外包合同

由于支付方式的不同,服务代理商可能会采取一些欺诈手段为自己谋取更多利润。在固定价格合同下,服务代理商倾向于提供劣质服务,以达到压缩维修成本的目的。而在成本加成合同中,服务代理商会为消费者提供过度服务以骗取更多手续费[170]。服务代理商的这些服务欺诈行为会加重制造商的质保成本,导致消费者的不满,违背制造商的利润。因此,对于制造商来说,对质保索赔流程进行检查非常重要。本章假设制造商采用随机检查策略,检查率为β,每次检查成本为K。如果发现服务代理商的服务流程中存在质保欺诈行为,制造商就会要求服务代理商支付金额为X的罚金以弥补损失。为确保制造商有动力进行流程检查,本章假设罚金高于检查成本,即$X>K$。同样的,服务代理商面临制造商的检查行为,也会采取随机的欺诈行为以逃避罚金,假设劣质(过度)服务率为θ。通过劣质服务,服务代理商会节省一笔维修费用;而过度服务则会为其带来额外的手续费。本章假设在正常服务水平下的平均维修成本为C_r,每次代理商进行劣质服务就会节省E比例的维修费用,同样的,每次过度服务就会给代理商带来额外的E比例的收入,即代理商每次通过欺诈行为都会节省或赚取EC_r的额外收入。考虑到在成本加成合同下,每次质保流程后服务代理商都需要向制造商汇报维修成本,所以双方的联系会更加紧密。因此本章用管理费用h来体现此合同下制造商和代理商之间的密切关系。另外,考虑生产过程中存在诸多不确定因素,产品的质量会有所波动,本章假设失效率是一个在$[\mu-\varepsilon,\mu+\varepsilon]$内服从均匀分布的随机变量,其中$\mu$代表平均失效率,$\varepsilon$代表方差。因此,失效率$\tilde{r}$的密度函数为$f(\tilde{r})=\dfrac{1}{2\varepsilon}$。

同Tsay和Agrawal[97]、Xiao和Yang[155]、Jackson等人[171]的研究,本章采用线性需求函数,假设其受零售价格p和服务水平v两方面因素影响,具体表示如下。

$$D_i = 1 - bp_i + \rho v_i, i = F, C \tag{5-1}$$

其中,脚标F和C分别表示固定价格合同和成本加成合同,参数b代表需求函数对零售价格的敏感系数,ρ表示质保服务的敏感系数。

因为零售价格会影响需求,所以价格敏感系数b的大小会对供应链成员的决策有重大影响。具体来说,当参数b过大时,零售价格会主导需求,导致质保服务对销量的影响甚微,不利于质保服务外包合同的研究。因此零售价格敏感度系数b的设定应该相对有效,同Li等[136]、Savaskan等[138]、Gupta和Loulou[172]一致,本章假设参数b满足下列条件。

$$b < \min\left\{\dfrac{X-3dK}{XT}, \dfrac{X+3dK}{C_r\mu(EK+(1+S)X)+\mu hX}\right\} \tag{5-2}$$

这个假设是符合实际的,因为当价格敏感系数过大时,质保服务不再成为必需选项,制造商会尽量压低售后成本以追求更低的零售价格。现实中,这种情况往往出现在消耗品市场上,对于像服饰和日化等产品,相较于售后服务水平,消费者更加看重产品的零售价格,所以也鲜少有制造商为此类产品提供质保服务。而本章聚焦在耐用品市场,对于耐用品,消费者的预期使用寿命较长,所以选购产品(如汽车、家电等)时会十分看重售后服务质量,而不会只专注于价格这一个因素。

考虑到现实生活中,如苹果、戴尔、海尔等制造企业,通常在市场中占据主导地位[158],可以先行制定价格策略。产品销售后,服务代理商和制造商再决策各自的劣质(过度)服务率与质保检查率。具体事件发生顺序如下:①制造商决定零售价格 p;②制造商与服务代理商同时决策服务率 θ 和检查率 β。

表5-1汇总了本章出现的模型参数与其定义。

表5-1 本章使用符号说明

变量符号	定义
p	零售价格
T	制造商在固定价格合同下每单位产品支付给服务代理商的外包费用
S	制造商在成本加成合同下支付给服务代理商的手续费率
θ	劣质(过度)服务率
β	检查率
K	检查成本
X	对未通过检查的服务代理商的单次罚金
E	服务代理商通过劣质(过度)服务节省(超过)的费用与名义平均维修成本的比例
h	在成本加成合同下的制造商的管理费用
C_r	在正常服务水平下的平均维修成本
$\tilde{r}$	随机失效率
b	市场需求对价格的敏感系数
d	市场需求对服务的敏感系数
η	风险规避系数
D_i	需求函数
Π_i^M	制造商的利润函数
U_i^{SA}	服务代理商的效用函数

5.3 模型分析

5.3.1 固定价格合同

在固定价格合同中,制造商每单位产品支付给服务代理商佣金 T,而服务代理商需要负责后续发生的所有质保问题。为降低质保成本增加收入,代理商可能会进行劣质服务,具体表现为:使用二手产品或非原装配件进行维修、省略掉一些必要的维修流程、或使用不合规的仪器进行维修。这些欺诈手段会导致消费者满意度的降低,从而造成产品销量的减少,因此本章假设质保服务水平和劣质服务率呈负线性关系。

$$v_F = \gamma - \delta\theta_F \tag{5-3}$$

其中 γ 代表质保服务水平基准,即消费者对服务质量的平均期待。θ_F 和 δ 分别代表劣质服务率和服务质量对劣质服务率的敏感系数。

通过式(5-1)和(5-3),可知需求函数和劣质服务率呈负线性关系,因此可将需求函数简化为

$$D_F = 1 - bp_F - d\theta_F, \quad b, d \in [0,1] \tag{5-4}$$

其中 b 和 d 分别代表需求对零售价格和服务水平的敏感系数。

基于上述需求函数,可得制造商、服务代理商的随机利润函数。

$$\Pi_F^M = p_F D_F - T D_F - \tilde{r}\beta_F K D_F + \tilde{r}\beta_F \theta_F X D_F \tag{5-5}$$

$$\Pi_F^{SA} = T D_F - \tilde{r} C_r D_F (1 - \theta_F E) - \tilde{r}\theta_F \beta_F X D_F \tag{5-6}$$

相比于制造商,服务代理商的规模一般较小,因此其风险抵抗能力较为低下,所以本章假设服务代理商为风险规避型决策者,制造商为风险中性决策者[169,173,174]。由上节对失效率的假设可知制造商的期望利润函数和服务代理商的效用函数分别为

$$E(\Pi_F^M) = p_F D_F - T D_F + \int_{\mu-\varepsilon}^{\mu+\varepsilon} (\beta_F \theta_F X D_F - \beta_F K D_F) \tilde{r} f(\tilde{r}) d\tilde{r} \tag{5-7}$$

$$\begin{aligned} U_F^{SA} &= E(\Pi_F^{SA}) - \eta\sqrt{VAR(\Pi_F^{SA})} \\ &= T D_F - \mu C_r D_F (1 - \theta_F E) - \mu \theta_F \beta_F X D_F - \frac{\varepsilon\eta}{\sqrt{3}}\left(C_r(1 - \theta_F E) + \theta_F \beta_F X\right) D_F \end{aligned} \tag{5-8}$$

其中 η 表示服务代理商的风险规避系数。

定理5.1 在固定价格合同下,如果 $\eta \leq \dfrac{\sqrt{3}(T - \mu C_r)}{C_r \varepsilon}$,制造商和服务代理商存在最优策略如下。

(a)对于制造商

(i)最优零售价格为 $p_F^* = \dfrac{(1+bT)X - dK}{2bX}$。

(ii)最优检查率为 $\beta_F^* = \dfrac{6dTX + \sqrt{3}\left(dC_r(3EK - 2X) - C_r EX(1-bT)\right)\left(\varepsilon\eta + \sqrt{3}\mu\right)}{\sqrt{3}X\left(\varepsilon\eta + \sqrt{3}\mu\right)\left(3dK - (1-bT)X\right)}$。

(iii)最优期望利润函数为 $E\left(\Pi_F^M\right)^* = \dfrac{\left(dK - (1-bT)X\right)^2}{4bX^2}$。

(b)对于服务代理商

(i)最优劣质服务率为 $\theta_F^* = \dfrac{K}{X}$。

(ii)最优效率函数为 $U_F^{SA*} = \dfrac{\left(dK - (1-bT)X\right)^2 \left(3T - C_r\left(\sqrt{3}\,\varepsilon\eta + 3\mu\right)\right)}{6X\left((1-bT)X - 3dK\right)}$。

证明：

同以往文献一样[117,158]，本章采用逆向归纳法求解。首先考虑制造商和服务代理商的检查、服务决策问题。

$$\frac{\partial E\left(\Pi_F^M\right)}{\partial \beta_F} = \mu\left(\theta_F X - K\right)\left(1 - bp_F - d\theta\right) = 0 \tag{5-9}$$

$$\frac{\partial U_F^{SA}}{\partial \theta_F} = \left(\mu + \frac{\sqrt{3}}{3}\eta\varepsilon\right)\left((1 - bp_F)(C_r E - \beta X) + d(C_r - 2C_r E\theta + 2\beta\theta X)\right) - dT = 0 \tag{5-10}$$

通过求解上式得到制造商的检查率关于零售价格的反应函数，以及服务代理商的最优劣质服务率。

$$\beta_F(p_F) = \frac{\left(\sqrt{3}\,\varepsilon\eta + 3\mu\right)\left(2dEK - dX - EX(1-bp_F)\right)C_r + 3dTX}{X\left(2dK - (1-bp_F)X\right)\left(\sqrt{3}\,\varepsilon\eta + 3\mu\right)} \tag{5-11}$$

$$\theta_F^* = \frac{K}{X} \tag{5-12}$$

现在考虑制造商的价格决策问题，将 $\beta_F(p_F)$ 和 θ_F^* 代入 $E\left(\Pi_F^M\right)(p_F)$ 中，同样的，可以得到 $E\left(\Pi_F^M\right)(p_F)$ 的反应函数。

$$\frac{\partial E\left(\Pi_F^M\right)}{\partial p_F} = 1 - 2bp_F + bT - \frac{dK}{X} = 0 \tag{5-13}$$

通过求解上式，可以得到制造商最优价格 $p_F^* = \dfrac{(1+bT)X - dK}{2bX}$。将 p_F^* 代入到 $\beta_F(p_F)$ 中，可以得到制造商的最优检查率

$$\beta_F^* = \frac{6dTX + \sqrt{3}\left(dC_r(3EK - 2X) - C_r EX(1-bT)\right)\left(\varepsilon\eta + \sqrt{3}\,\mu\right)}{\sqrt{3}\,X\left(\varepsilon\eta + \sqrt{3}\,\mu\right)\left(3dK - (1-bT)X\right)}。$$

对利润函数求二阶偏导，$\dfrac{\partial^2 U_F^{SA}}{\partial \theta_F^2} = -\dfrac{4d^2 X\left(3T - C_r\left(3\mu + \sqrt{3}\,\eta\varepsilon\right)\right)}{3X(1-bT) - 9dK}$，

当 $\eta < \dfrac{\sqrt{3}(T - \mu C_r)}{C_r \varepsilon}$，有 $\dfrac{\partial^2 U_F^{SA}}{\partial \theta_F^2} \leq 0$，$\dfrac{\partial^2 E\left(\Pi_F^M\right)}{\partial \beta_F^2} = 0$，$\dfrac{\partial^2 E\left(\Pi_F^R\right)}{\partial p_F^2} = -2b \leq 0$，

$\dfrac{\partial^2 E\left(\Pi_F^M\right)}{\partial w_F^2} = -b \leq 0$。因此所求为最大值解。

通过定理 5.1 可以观察到，只有当服务代理商的风险规避系数较小时，服务代理商才存在最优解，否则服务代理商会因为过于惧怕损失而放弃与制造商之间的合作。

此外，定理 5.1 还展示了 3 个供应链成员的最优策略。对于制造商来说，最优零售价格和利润不会受到产品失效率大小的影响，因为制造商在销售产品的同时将质保服务以固定的佣金全权外包给了服务代理商；这也就意味着，后续的产品真实维修费用与制造商无关，即将失效率的不确定性直接转移给了服务代理商，而制造商本身不会受到产品质量波动的影响。另外，通过定理 5.1 可以观察到，服务代理商的服务策略只和检查成本与罚金有关，这是因为这两个变量可以直接决定制造商的检查力度和劣质服务可能导致的经济损失，因此它们是影响服务代理商服务策略的最关键的因素。

推论 5.1 在固定价格合同下，有

(a) p_F^* 关于参数 b 和 d 单减，但是与参数 μ 无关；

(b) β_F^* 关于参数 b 和 d 单减，关于 μ 单增。

证明：

(a) 下面求取 p_F^* 关于参数 b、d 以及 μ 的一阶导。

$$\dfrac{\partial p_F^*}{\partial b} = -\dfrac{X - dK}{2b^2 X} < 0 \tag{5-14}$$

$$\dfrac{\partial p_F^*}{\partial d} = -\dfrac{K}{2bX} < 0 \tag{5-15}$$

$$\dfrac{\partial p_F^*}{\partial \mu} = 0 \tag{5-16}$$

推论 5.1(a) 证明完毕。

(b) 下面求取 β_F^* 关于参数 b、d 以及 μ 的一阶导。

$$\frac{\partial \beta_F^*}{\partial b} = -\frac{2dTX\left(\sqrt{3}\left(T - C_r\mu\right) - C_r\eta\varepsilon\right)}{\left(\sqrt{3}\,\mu + \eta\varepsilon\right)\left(X(bT-1) + 3dK\right)^2} < 0 \tag{5-17}$$

$$\frac{\partial \beta_F^*}{\partial d} = -\frac{2\sqrt{3}\,X(1-bT)\left(\sqrt{3}\left(T - C_r\mu\right) - C_r\eta\varepsilon\right)}{\left(3\mu + \sqrt{3}\,\eta\varepsilon\right)\left(X(1-bT) - 3dK\right)^2} < 0 \tag{5-18}$$

$$\frac{\partial \beta_F^*}{\partial \mu} = \frac{18dT}{3\left(\sqrt{3}\,\mu + \eta\varepsilon\right)^2\left(X(1-bT) - 3dK\right)} > 0 \tag{5-19}$$

综上,推论5.1证明完毕。

通常来说,当市场对价格较为敏感时,制造商会降低零售价格来吸引消费者。但是通过推论5.1,可以发现制造商在面对服务敏感系数增加时也会降低零售价格。在固定价格合同下,服务代理商采用劣质服务手段,消费者感知到的服务水平较为低下。此时如果质保服务是消费者在选购商品时的重要考量因素,那么低下的服务水平则会极大程度上影响销量。因此,制造商只能降低零售价格去吸引消费者以维持盈利。另外,制造商在此种合同下只需要在签订合约时支付总金额T作为酬金,就可以将质保服务全权外包给服务代理商,因此产品的失效情况不会影响到他的定价策略,即价格和参数μ无关。

通过推论5.1,还可以发现,当平均失效率增加时,制造商会加大检查力度,但是当价格、服务敏感系数增加时,制造商则会降低检查率。当参数b和d增加时,价格或劣质服务率的增加都会导致需求函数大幅度下跌,所以产品的需求会比较受限。而服务代理商主要的利润来源都是基于销量带来的失效产品维修费用,因此这种情况下服务代理商的利润也会有所下降。制造商作为斯坦伯格的领导者,需要降低检查力度以确保服务代理商不会因为利润过低而退出市场。

5.3.2 成本加成合同

在成本加成合同下,服务商每次进行质保服务后都需要向制造商进行汇报。制造商需要支付其相应的维修成本和手续费[69]。除此之外,不同于固定价格合同,在此合同下服务代理商需要向制造商汇报所有支出,所以他们之间的联系更加密切,这就会给制造商带来一定的管理费用。

由于制造商按照维修成本支付代理商手续费,因此代理商会倾向于提供过度服务以提升收入。具体可能表现为：为已经出保修期的产品提供免费的质保服务、对于因为消费者自身使用不当导致的产品失效情况进行免费理赔或进行一些非必要的预防性维修等，以提高自己的收益。这样虽然会提升消费者的满意、促进产品销量，但同时也加大了制造商在售后服务中的开销。

与固定价格合同类似，本节假设质保服务水平和过度维修率呈正线性相关关系。

$$v_c = \gamma + \delta\theta_c \tag{5-20}$$

通过式(5-1)和(5-20)，可以将需求函数简化为

$$D_c = 1 - bp_c + d\theta_c, \quad b,d \in [0,1] \tag{5-21}$$

基于上面的需求函数，制造商和服务代理商的随机利润如下。

$$\Pi_c^M = w_c D_c - \tilde{r} C_r D_c (1 + S + \theta_c E) - \tilde{r}\beta_c K D_c + \tilde{r}\beta_c \theta_c X D_c - \tilde{r} h D_c \tag{5-22}$$

$$\Pi_c^{SA} = \tilde{r} C_r D_c (S + \theta_c E) - \tilde{r}\beta_c \theta_c X D_c \tag{5-23}$$

因为本节假设制造商为风险中性决策者，服务代理商为风险厌恶决策者，所以制造商的期望利润函数和服务代理商的效用函数如下。

$$E(\Pi_c^M) = w_c D_T - \int_{\mu-\varepsilon}^{\mu+\varepsilon} \left(C_r D_c (1 + S + \theta_c E) + \beta_c K D_c + \beta_c \theta_c X D_c - h D_c \right) \tilde{r} f(\tilde{r}) d\tilde{r} \tag{5-24}$$

$$U_c^{SA} = \mu C_r D_c (S + \theta_c E) - \mu \theta_c \beta_c X D_c - \frac{\varepsilon\eta}{\sqrt{3}} \left(C_r (S + \theta_c E) - \theta_c \beta_c X \right) D_c \tag{5-25}$$

定理5.2 在成本加成合同下，如果 $\eta \leq \frac{\sqrt{3}\mu}{\varepsilon}$，制造商和服务代理商存在最优策略如下。

(a)对于制造商

(i)最优零售价格为 $p_c^* = \dfrac{dK + X + \mu b C_r(EK + X + SX) + \mu bhX}{2bX}$。

(ii)最优检查率为

$$\beta_c^* = \frac{EC_r\left(\mu b C_r EK - X + \mu bX\left(C_r(1+S) + h\right)\right) - dC_r(3EK + 2SX)}{(\mu b C_r E - 3d)KX - X^2 + \mu bX^2\left(C_r(1+S) + h\right)}。$$

(iii)最优检查率为

$$\beta_C^* = \frac{EC_r\big(\mu b C_r EK - X + \mu b X\big(C_r(1+S) + h\big)\big) - dC_r(3EK + 2SX)}{(\mu b C_r E - 3d)KX - X^2 + \mu b X^2\big(C_r(1+S) + h\big)}。$$

(b)对于服务代理商

(i)最优过度服务率为 $\theta_C^* = \dfrac{K}{X}$。

(ii)最优效率函数为

$$U_C^{SA*} = \frac{\sqrt{3}\,C_r S\big(\varepsilon\eta - \sqrt{3}\,\mu\big)\big(\mu b C_r EK - dK - X + \mu b X\big(C_r(1+S) + h\big)\big)^2}{6X\big(\mu b C_r EK - 3dK - X + \mu b X\big(C_r(1+S) + h\big)\big)}。$$

证明：

采用逆向归纳法求解。首先考虑制造商和服务代理商的检查与服务决策问题。

$$\frac{\partial E\big(\Pi_C^M\big)}{\partial \beta_C} = \mu(\theta X - K)\big(1 - bp_C + d\theta\big) \tag{5-26}$$

$$\frac{\partial U_C^{SA}}{\partial \theta_C} = \frac{1}{3}\big(\sqrt{3}\,\eta\varepsilon - 3\mu\big)\big(\beta X\big(1 - bp_C + 2d\theta\big) - C_r\big(2d\theta E - bp_C E + E + dS\big)\big) \tag{5-27}$$

得到制造商的检查率关于零售价格的反应函数和服务代理商的最优过度服务率。

$$\beta_C(p_C) = \frac{C_r\big((1 - bp_C)EX + 2dEK + dSX\big)}{x\big((1 - bp_C)X + 2dK\big)} \tag{5-28}$$

$$\theta_C^* = \frac{K}{X} \tag{5-29}$$

现在考虑制造商的定价决策问题，将 $\beta_C(p_C)$ 和 θ_C^* 代入制造商的期望利润函数得

$$\frac{\partial E\big(\Pi_C^M\big)}{\partial p_C} = b\mu\left(C_r\left(\frac{EK}{X} + S + 1\right) + h\right) - 2bp + \frac{dK}{X} + 1 = 0 \tag{5-30}$$

通过求解上式,可以得到制造商的最优零售价格

$p_c^* = \dfrac{dK + X + \mu b C_r(EK + X + SX) + \mu bhX}{2bX}$。将 p_c^* 代入到 $\beta_c(p_c)$ 中,可以得到制造商的最优检查率。

对效用函数求二阶偏导,

$$\dfrac{\partial^2 U_C^{SA}}{\partial \theta_C^2} = -\dfrac{8d^2 C_r SX(\sqrt{3}\eta\varepsilon - 3\mu)}{3(\mu b C_r EK + X(b\mu(C_r S + C_r + h) - 1) - 5dK)},$$

当 $\eta \leq \dfrac{\sqrt{3}\mu}{\varepsilon}$,有 $\dfrac{\partial^2 U_C^{SA}}{\partial \theta_C^2} \leq 0$,$\dfrac{\partial^2 E(\Pi_C^M)}{\partial \beta_C^2} = 0$,$\dfrac{\partial^2 E(\Pi_C^R)}{\partial p_C^2} = -2b \leq 0$,$\dfrac{\partial^2 E(\Pi_C^M)}{\partial w_C^2} = -b \leq 0$。因此所求为最大值解。

与定理5.1一致,服务代理商的风险规避系数不能过高。

通过定理5.2还可以观察到,不同于固定价格合同,在此合同下制造商无法提前给付服务费用,而是在每次质保流程后向服务代理商支付维修成本和佣金,因此制造商需要承担质量波动带来的风险,所以在此合同下,制造商的最优期望利润和产品失效率相关。

推论5.2 在成本加成合同下,有

(a) p_c^* 关于参数 d 和 μ 单增,关于参数 b 单减。

(b) β_c^* 关于参数 b、d 和 μ 单增。

证明:

(a) 下面求取 p_F^* 关于参数 b、d 以及 μ 的一阶导

$$\dfrac{\partial p_c^*}{\partial b} = -\dfrac{dK + X}{2b^2 X} < 0 \tag{5-31}$$

$$\dfrac{\partial p_c^*}{\partial d} = \dfrac{K}{2bX} > 0 \tag{5-32}$$

$$\dfrac{\partial p_c^*}{\partial \mu} = \dfrac{bC_r(EK + SX + X) + bhX}{2bX} > 0 \tag{5-33}$$

推论5.2(a)证明完毕。

(b) 下面求取 β_c^* 关于参数 b、d 以及 μ 的一阶导:

$$\dfrac{\partial \beta_c^*}{\partial b} = \dfrac{2d\mu SC_r(C_r(EK + X(1+S)) + hX)}{(3dK + X - bC_r EK\mu - b\mu X(C_r(1+S) + h))^2} > 0 \tag{5-34}$$

$$\frac{\partial \beta_C^*}{\partial d} = \frac{2C_r S\big(X - b\mu C_r(EK + SX + X) - bh\mu X\big)}{\big(3dK + X - b\mu C_r EK - b\mu x\big(C_r(1+S) + h\big)\big)^2} > 0 \tag{5-35}$$

$$\frac{\partial \beta_C^*}{\partial \mu} = \frac{2bdSC_r\big(C_r(EK + X(1+S)) + hX\big)}{\big(3dK + X - \mu b C_r EK - bX\big(C_r S + C_r + h\big)\big)^2} > 0 \tag{5-36}$$

综上,推论5.2证明完毕。

随着参数 b 的增加,市场对价格越发敏感,制造商需要降低零售价格以吸引更多的消费者。另外,当服务质量敏感系数 d 增加时,服务代理商提供的过度服务会更有效率地提升销量,制造商因此获得更大的提价空间。同时,由于良好的售后服务质量可以增加消费者忠诚度从而为制造商提供一定的价格弹性,使其在一定程度上可以提高价格而不显著影响销量。此外,面对增加的平均失效率参数 μ,产品理赔时效增多,制造商的售后成本也会相应地增加,因此需要提升零售价格以弥补高额成本。

通过推论5.2,还可以观察到:制造商的检查率随着参数 d 的增加而增加。当市场对服务质量较为敏感时,服务代理商的过度服务会吸引更多的消费者。但同时,制造商也需要花费更多成本在售后服务上,因此制造商需要加大检查力度,以获取更多的罚金来弥补过度维修带来的损失。而对于参数 b 和 μ 而言,增加的价格敏感系数会刺激制造商降低零售价格,而平均失效率则会提升制造商的售后服务成本,两者都会激励制造商提升检查率以获得更多的利润。

5.4 两种外包合同比较

本节将比较两个质保服务外包策略下的均衡解,分析哪种合约更有助于供应链成员提升利润,并给出一些管理学上的启示。为确保比较的可行性,本节假设固定价格合同和成本加成合同下的手续费相等,即 $T = C_r \mu(1+S)$。这个假设是合理的,因为没有服务欺诈行为时,服务代理商在两个合约下的收益相同。

5.4.1 不同合同下最优零售定价的比较与分析

产品价格直接决定产品的销量与制造商的收益,是产品销售中最重要的策略之一,所以本节先比较两个合同下的制造商的零售价格。

定理5.3 通过比较制造商在固定价格合同和成本加成合同下的定价策略，得到 $p_F^* < p_C^*$。

证明：

$$p_F^* - p_C^* = \frac{dK + X + \mu b C_r(EK + X + SX) + \mu bhX}{2bX} - \frac{(1+bT)X - dK}{2bX} =$$

$$-\frac{b\mu C_r EK + b\mu hX + 2dK}{2bX} < 0 \tag{5-37}$$

因此可得 $p_F^* < p_C^*$。

相较于固定价格合同，制造商在成本加成合同下会设定更高的零售价格。过度服务为消费者带来更好的售后服务质量，促进销量增加，进而为制造商提供更大的定价空间。但同时，过度服务也使得制造商的售后成本增加，制造商需要提升价格以缓解售后服务成本的压力。

对于消费者来说，在成本加成合同下，他们需要承受更高的零售价格，但是同时也会享受到更好的服务质量。所以成本加成合同会更受服务敏感性消费者的追捧，但是对于价格较为敏感的消费者而言，固定价格合同会更具吸引力，因为他们可以为了低价而忍受劣质服务。因此制造商在选择质保服务外包合同时，应考虑到客户划分，以更好地服务目标客户群体。这也揭示了为什么相似的公司会采用不同的外包策略。例如一些互联网造车品牌会采用固定价格合同以压缩售后成本，达到降低零售价格的目的；但是另外一些知名的汽车品牌则会采用成本加成合同，虽然产品销售价格会相对较高，但是能够保障产品的售后服务水平。

本节以小家电企业为例，对所得结论进行补充和验证。某家电制造商生产某款产品，并将产品的售后服务以30%的手续费($S = 0.3$)直接外包给独立第三方。第三方为了谋求自身利益，采用欺诈手段，单次能够节省(赚取)20%($E = 0.2$)的额外利润。制造商为了遏制服务代理商的欺诈行为，会采取抽查的方式，考虑到对于服务欺诈通过电话、问卷等回访方式，成本较为低廉，所以设定单次抽查成本为 $K = 0.05$(参数均进行归一化处理)，如果发现存在欺诈行为，则需要对服务商进行严厉惩罚以弥补自身损失($X = 0.1$)。另外，其他参数的设置如下：$b = 0.2, \eta = 5, C_r = 0.4, S = 0.3, \mu = 0.5, \varepsilon = 0.02, h = 0.01$。上述参数设定满足本章假设，后续数例分析均沿用此案例，不再赘述。图5-2描述了在不同质保服务

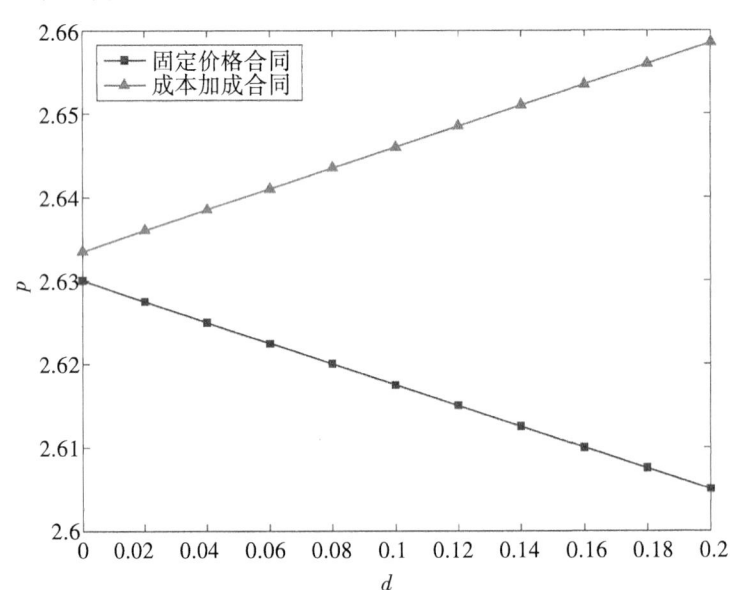

外包合同下制造商最优定价策略的变化。

图5-2 零售价格随服务敏感系数的变化情况

图5-2显示了最优零售价格随着市场对服务水平的敏感系数d的变化趋势。与定理5.3一致,制造商在成本加成合同下的定价总会高于固定价格合同。另外,成本加成合同中的最优零售价格随着市场对服务水平的敏感系数的增加而增加,但是在固定价格合同中,制造商最优定价策略的变化趋势则恰恰相反。这就导致了随着参数d的增加,两个合同下的价格差异越来越明显。

5.4.2 不同合同下最优服务和检查策略的比较与分析

因为服务代理商存在过度维修和劣质维修等质保欺诈行为,所以制造商需要抽查质保流程。由于两者是同时决策又互相影响的,因此本节同时比较两个质保服务外包合同下服务代理商的欺诈率以及相应的制造商的检查率。

定理5.4 通过比较服务代理商在固定价格合同和成本加成合同下的服务策略,得到$\theta_F^* = \theta_C^*$。

证明:

$$\theta_F^* - \theta_C^* = \frac{K}{X} - \frac{K}{X} = 0 \tag{5-38}$$

因此可得 $\theta_F^* = \theta_C^*$。

通过定理 5.4 可知，只要制造商的罚金和惩罚成本不变，那么两个合同下的服务代理商都会采用相同的欺诈率进行质保服务，因为这两个因素对服务代理商利润的影响最大。无论在哪种服务外包合同下，加大对质保欺诈行为的惩罚力度都会降低服务代理商的欺诈意愿，同样制造商检查成本的增加会使得他不得不降低检查率从而提升服务代理商的劣质或过度服务率。因此他们可以直接决定服务代理商的服务策略。

定理 5.5 通过比较制造商在固定价格合同与成本加成合同下的检查策略，得到 $\beta_F^* < \beta_C^*$。

证明：

$$\beta_F^* - \beta_C^* = \frac{C_r\Big(E\big(\mu b C_r E K + X\big(b\mu(C_r S + C_r + h) - 1\big)\big) - d(3EK + 2SX)\Big)}{X\big(b\mu C_r E K + X\big(\mu b(C_r S + C_r + h) - 1\big) - 3dK\big)}$$

(5-39)

求解 $\beta_F^* - \beta_C^* = 0$，可得

$$d_1 = \frac{(hX + \mu b C_r EK)(\sqrt{3}\,\eta\varepsilon - 3\mu S) + \sqrt{3}\,\eta\varepsilon X\big(b\mu C_r(1 - S^2) + S - 1\big) - 3\mu XS\big(b\mu 2 C_r(S + 1) - 2\big)}{3\sqrt{3}\,\eta K(S + 1)\varepsilon},$$

$d_2 = 0$ 省略，回忆 5.2 节中关于参数 b 的假设，$b < \dfrac{X - 3dK}{XT}$，即 $d < \dfrac{X - b\mu C_r(1 + S)X}{3K}$，所以可证得 d_1 不符合假设条件。因此 $\beta_F^* < \beta_C^*$ 恒成立。

有趣的是，通过定理 5.5，可以观察到，尽管在固定价格合同下，服务代理商采取的劣质服务会导致产品销量下降，但是相比于成本加成合同，制造商仍旧会采取更加柔和的检查策略。在成本加成合同中，服务代理商会为消费者提供过度服务，虽然优质的服务质量可以提升产品销量，有助于制造商通过售卖产品获得更多收益，但是制造商仍然希望服务代理商能够提供有效的售后服务，而非通过欺诈手段以牺牲成本的方式扩大销量，因此制造商需要加大检查力度来弥补售后成本的损失。另外，固定价格合同下服务代理商的收入十分受限，因此制造商需要缓和检查力度以防止服务代理商因为收益过低而退出市场。

给定参数条件下，图 5-3 描述了在不同质保服务外包合同下制造商和服务

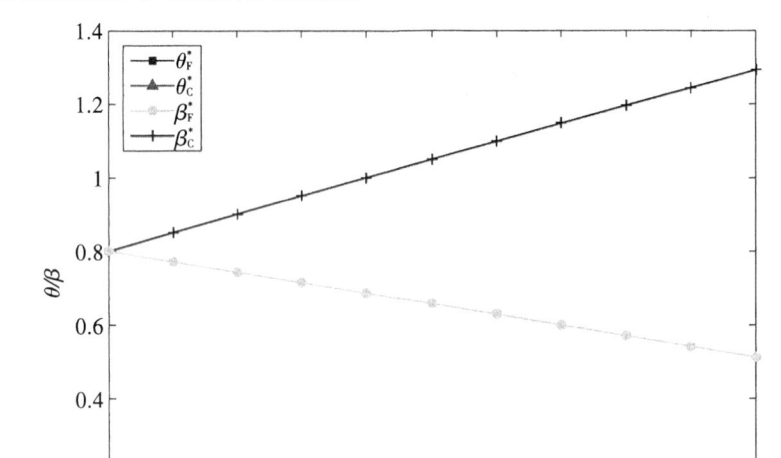

代理商的检查策略与服务策略变化。

图5-3　检查率以及欺诈率随服务敏感系数的变化情况

与定理5.4和5.5一致,通过图5-3可以观察到,相较于固定价格合同,制造商在成本加成合同下的检查率更高,而且对于服务代理商来说,欺诈率不会随市场对服务的敏感系数 d 的变化而改变。另外,随着参数 d 的增加,在成本加成合同下,制造商会更倾向于进行检查以弥补服务代理商带来的巨额售后成本,而在固定价格合同下,制造商反而会降低对服务代理商的检查力度。因此,随着市场对服务敏感系数的增加,制造商在两个合同下的检查力度会相差越来越多,成本加成合同下的检查强度最终会远高于固定价格合约。

5.4.3　不同合同下最优需求的比较与分析

定理5.6　通过比较固定价格合同以及成本加成合同下的需求函数,得到只有当 $d \leq \dfrac{(C_r EK + hX)\mu b}{2K}$,有 $D_F^* \geq D_C^*$。

证明:

$$D_F^* - D_C^* = \frac{\mu b C_r EK + x\left(b\mu(C_r S + C_r + h) - 1\right) - dK}{2X} - \frac{bTX + dK - X}{2X} =$$

$$\frac{b\mu(C_r EK + hX) - 2dK}{2X} \tag{5-40}$$

求解 $\Delta D = D_F^* - D_C^* = 0$,得 $d_3 = \dfrac{(C_r EK + hX)\mu b}{2K}$。下面判断 ΔD 的单调性。

$$\frac{\partial \Delta D}{\partial d} = -\frac{K}{X} < 0 \tag{5-41}$$

因此 ΔD 关于 d 单减,所以当 $d \leq d_3$,有 $D_F^* \geq D_C^*$。

定理 5.6 显示,当服务敏感系数较大时,成本加成合同会给供应链成员带来更多的销量。当市场对服务质量不是特别敏感时,价格就成为决定需求的主要因素,因此固定价格合同下较低的零售价格会吸引更多的消费者。但是随着服务敏感系数 d 的增加,消费者会更加关注服务质量,此时成本加成合同下的过度服务所吸引来的消费者数量可以弥补因为高额零售价格而降低的产品销量。

给定参数条件下,图 5-4 分析比较了两个合同下的销量随服务敏感系数 d 的变化情况。当市场对服务水平不太敏感时,固定价格合同会给供应链带来更多消费者。但是随着参数 d 的增加,成本加成合同会逐渐超过固定价格合同,为制造商带来更多产品销量。另外,由于成本加成合同中的需求函数会随着参数 d 的增加而增加,但是固定价格合同下的需求则恰恰相反,因此随着市场对服务质量敏感程度的增加,两个合同下需求函数的差异也会逐渐变大。

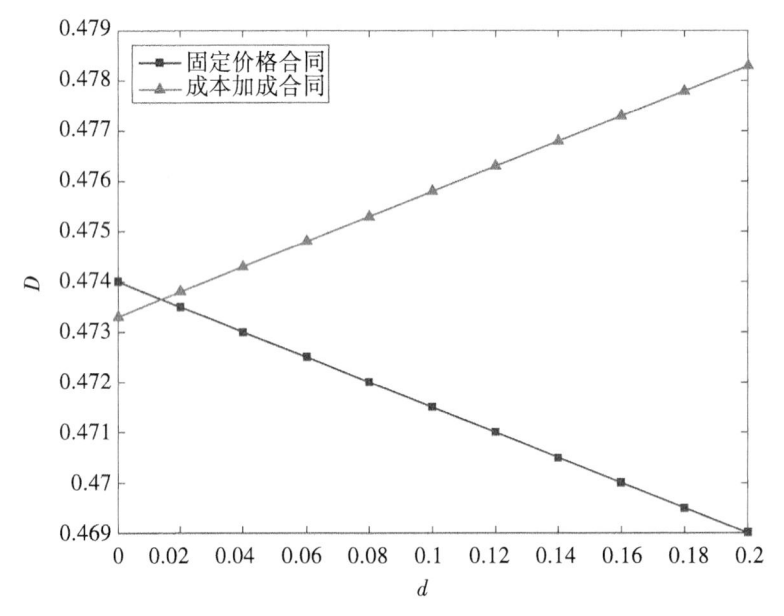

图5-4 需求函数随服务敏感系数的变化情况

5.4.4 不同合同下最优利润的比较与分析

提升利润是企业决策的最终目的,本节通过比较供应链成员在两个质保服务外包合同下的期望利润函数与效用函数,帮助企业做出更有利于自身收益的决策。

首先比较制造商在两个合约下的期望利润。

定理5.7 通过比较固定价格合同和成本加成合同下的制造商的期望利润函数,得到只有当 $d \leqslant \dfrac{b\mu(C_r EK + hX)}{2K}$,有 $E(\Pi_F^M)^* > E(\Pi_C^M)^*$。

证明:

$$E(\Pi_F^M)^* - E(\Pi_C^M)^* = \frac{(2dK - b\mu(C_r EK + hX))(\mu bC_r(EK + 2X(1+S)) + X(b\mu h - 2))}{8bX^2} \quad (5\text{-}42)$$

求解 $\Delta E(\Pi^M) = E(\Pi_F^M)^* - E(\Pi_C^M)^* = 0$,得 $d_4 = \dfrac{b\mu(C_r EK + hX)}{2K}$。下面判断 $\Delta E(\Pi^M)$ 的单调性。

$$\frac{\partial \Delta E(\Pi^M)}{\partial d} = \frac{\mu b K C_r (EK + 2X(1+S)) + (\mu bh - 2)XK}{4bX^2} < 0 \tag{5-43}$$

因此$\Delta E(\Pi^M)$关于d单减。因此当$d \leq d_4$,有$E(\Pi_F^M)^* \geq E(\Pi_C^M)^*$。

定理5.7显示,如果质保服务对需求的影响足够大,那么相较于固定价格合同,制造商在成本加成合同下会赚取更多利润。制造商的收入来自常规市场销售、服务代理商的罚金,而支出则由检查费用、维修成本以及管理费用(仅存在于成本加成合同中)构成。当市场对服务质量较为敏感时,成本加成合同下服务代理商的过度服务虽然会导致制造商的售后成本增高,但是相比于固定价格合约会吸引更多的消费者,由此带来的销售收益可以覆盖增加的售后成本甚至管理费用,因此这种情况下,制造商会更倾向于成本加成合同。

这就解释了为什么很多著名的汽车品牌,如丰田、一汽大众等,在质保服务外包过程中,都会选择成本加成合同(将售后服务外包给4S店,4S店按照维修费用向厂商索要手续费)[17]。对于汽车行业,由于消费者对产品期望使用寿命较高,所以在选购产品时,质保服务水平是一个十分重要的考虑因素(即参数d相对较大)。但是对于小家电品牌,如吹风机、加湿器等,由于产品具有更新换代快、使用寿命短等特点,所以消费者也不会过于苛求产品的售后服务质量,零售价格反而是其购物时考虑更多的因素。对于这些产品的制造商来说,在固定价格合同下,可以节约成本降低零售价格,是一个更好的选择。

除了单纯地考虑利润因素外,制造商可能会更青睐成本加成合同。因为这个合同下的售后服务水平较高,当产品失效时消费者会更倾向于到制造商指定的服务代理商处进行服务。这为制造商收集产品数据以及进行后续的可靠性分析提供了便利。同时,在固定成本合同下,消费者可能因为劣质服务转向其他维修点,而这就使得制造商丧失了收集失效数据的机会。但是,如果产品面临着严峻的价格竞争,并且市场对质保服务并不十分敏感,这时制造商可能会更青睐固定价格合同以达到控制售后成本、降低零售价格、扩展市场的目的。

124 / 供应链视角下产品质保服务外包策略

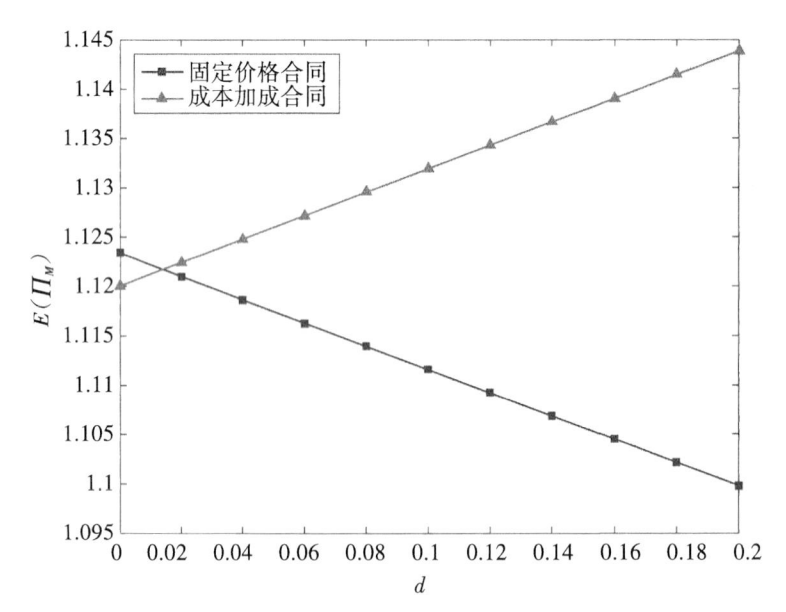

图5-5　制造商期望利润函数随服务敏感系数的变化情况

按照给定的参数设定,图5-5展示了制造商的期望利润函数随着参数d的变化趋势。对于制造商而言,在成本加成合同下,利润函数随着服务质量敏感系数的增加而增加,但是在固定价格合同下则恰恰相反。当消费者对质保服务不敏感的时候,固定成本合同会为制造商带来更多的利润,但是随着消费者对质保服务重视程度的提升,成本加成合同会逐渐超过固定价格合同,为制造商带来更高收入。

定理5.8　通过比较固定价格合同和成本加成合同下的制造商的期望利润函数,得到只有当$d \leq \dfrac{b\mu(C_r EK + hX)}{2K}$,有$E(\Pi_F^M)^* > E(\Pi_C^M)^*$。

证明:

$$U_F^{SA*} - U_C^{SA*} = \frac{(dK - (1-bT)X)^2 (3T - C_r(\sqrt{3}\varepsilon\eta + 3\mu))}{6X((1-bT)X - 3dK)}$$

$$-\frac{\sqrt{3}C_r S(\varepsilon\eta - \sqrt{3}\mu)(\mu b C_r EK - dK - X + \mu bX(C_r(1+S) + h))^2}{6X(\mu b C_r EK - 3dK - X + \mu bX(C_r(1+S) + h))} \qquad (5\text{-}44)$$

求解 $\Delta U^{SA} = U_F^{SA*} - U_C^{SA*} = 0$，得

$$\eta_1 = \frac{\sqrt{3}\,\mu S \left(A_2 (A_1 - 2dK)^2 - A_1 (A_2 + 2dK)^2\right)}{\varepsilon A_2 (A_1 - 2dK)^2 - \varepsilon A_1 S (A_2 + dK)^2}$$

。下面判断 ΔU^{SA} 的单调性。

$$\frac{\partial \Delta U^{SA}}{\partial \eta} = \frac{6\sqrt{3}\,\varepsilon C_r X \left(A_2 (A_1 - 2dK)^2 - A_1 S (A_2 + 2dK)^2\right)}{6X((1-bT)X - 3dK)A_2} < 0 \quad (5\text{-}45)$$

因此 ΔU^{SA} 关于 η 单减。因此当 $\eta \leq \eta_1$，有 $U_F^{SA*} \geq U_C^{SA*}$。

通过定理5.8可以发现，当服务代理商的风险厌恶程度相对较低时，固定价格合同对于服务代理商来说是一个更优选择。因为固定价格合同下，服务代理商需要承担随机失效率带来的全部风险，而在成本加成合同下，这部分风险则转移给了制造商。因此，随着风险规避程度的升高，服务代理商会更加偏向于成本加成合同。

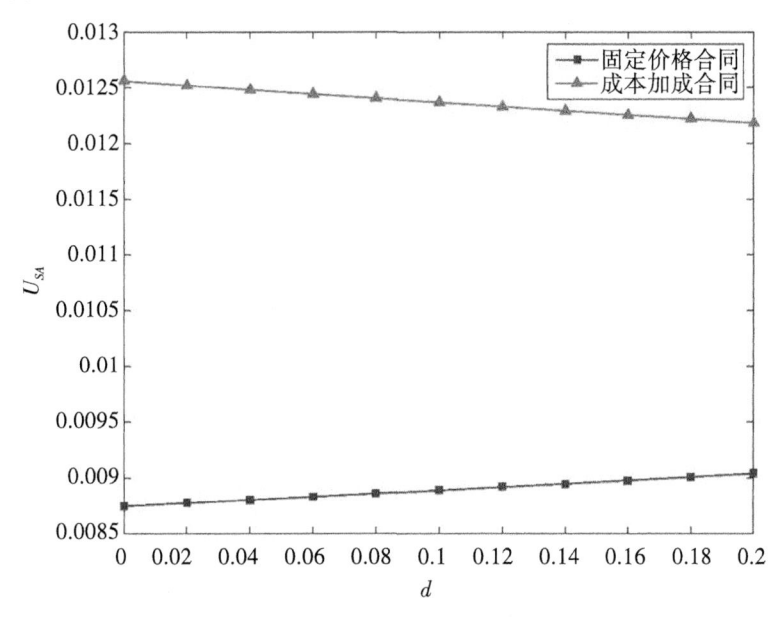

图5-6 风险厌恶服务代理商的期望效用函数随服务敏感系数的变化情况 ($\eta = 5$)

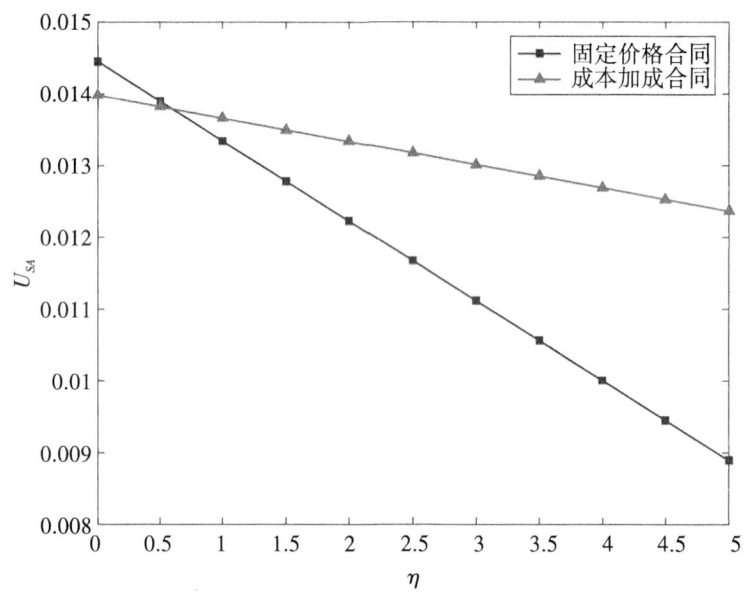

图 5-7　风险中性服务代理商的期望效用函数随风险规避系数的变化情况
($d = 0.1$)

给定参数下,图5-6展示出,服务代理商在成本加成合同下的利润总是多于固定价格合同。但是,随着市场对服务水平敏感度的增加,服务代理商的期望效用函数在成本加成合同下逐步降低,而在固定价格合同下逐渐增加。虽然随着参数 d 的增加,成本加成合同会给服务代理商带来更多的业务,但仍然不能弥补随之而来的高额罚金。

通过图5-7,可以观察到,服务代理商的效用函数在两个合同下都随着风险规避系数 η 的增加而降低,这是因为风险厌恶的代理商会对可能出现的损失更加敏感。另外,从这张图还可以看出,即使成本加成合同下的过度服务为服务代理商带来了更多的顾客,但是对于一个风险中性的服务代理商,固定价格合同仍比成本加成合同更具有吸引力。

5.5　拓展分析：考虑质保时长的最优外包策略

本节之前讨论的是需求函数只和价格、质保服务质量相关的情况,并没有考虑质保时长(t_e)对需求的影响,但实际上对于耐用品市场来说,质保期的长短是消费者在选购商品时的重要考量因素之一[47,136]。本节增加了制造商决策质保时长的环节,并且也考虑到质保时长对需求产生的正向激励作用。

另一方面,固定价格合同下,服务代理商可能会使用劣质或未经授权的零件进行售后服务,这种零件的质量是无法保障的,可能会加速产品衰退的过程。而不同于固定价格合同,在成本加成合同下,服务代理商可能会对产品进行非必要性的预防性维修,这会推迟产品的失效时间。因此,本节考虑不同合同下产品的失效率也不相同。具体来说,假定成本加成合同的失效率(μ_C)要低于固定价格合同下的失效率(μ_F)。

事件发生的顺序如下:①首先,制造商决定零售价格与质保时长;②其次,服务代理商和制造商同时分别决策他们的劣质(过度)服务概率与检查率。

在固定价格合同下,假设需求函数和零售价格、劣质服务率以及质保时长有关。

$$D_F = 1 - bp_F - d\theta_F + gt_{eF}, \ b,d,g \in [0,1] \tag{5-46}$$

其中,g 是需求对质保时长的敏感系数。

制造商与服务代理商的期望利润(效用)函数如下。

$$E(\Pi_F^M) = p_F D_F - TD_F + \int_{\mu_F-\varepsilon}^{\mu_F+\varepsilon} (\beta_F \theta_F X D_F - \beta_F K D_F) \tilde{r} f(\tilde{r}) d\tilde{r} \tag{5-47}$$

$$U_F^{SA} = TD_F - kt_{eF}^2 \mu_F C_r D_F (1 - \theta_F E) - \mu_F \theta_F \beta_F X D_F$$

$$- \frac{\varepsilon \eta}{\sqrt{3}} \left(kt_{eF}^2 C_r (1 - \theta_F E) + \theta_F \beta_F X \right) D_F \tag{5-48}$$

其中 k 为质保服务成本系数。在此模型下,与 Li 等[136]类似,本节假设维修成本为 $kt_e^2 C_r$。

同样,在成本加成合同下,供应链的需求函数和各个成员的期望利润(效用)函数如下。

$$D_C = 1 - bp_C + d\theta_C + gt_{eC}, \ b,d,g \in [0,1] \tag{5-49}$$

$$E(\Pi_C^M) = p_C D_C - \int_{\mu_C-\varepsilon}^{\mu_C+\varepsilon} \left(kt_{eC}^2 C_r D_C (1 + S + \theta_C E) + \beta_C K D_C + \beta_C \theta_C X D_C - hD_C \right) \tilde{r} f(\tilde{r}) d\tilde{r}$$

$$\tag{5-50}$$

$$U_C^{SA} = kt_{eC}^2 \mu_C C_r D_C (S + \theta_C E) - \mu_C \theta_C \beta_C X D_C - \frac{\varepsilon \eta}{\sqrt{3}} \left(kt_{eC}^2 C_r (S + \theta_C E) - \theta_C \beta_C X \right) D_C$$

$$\tag{5-51}$$

由于公式过于复杂,因此本节采用数值案例分析的方法对两个合同下供应链成员的最优策略(零售价格、检查率、欺诈率、质保时长)、需求函数以及期望利润(效用)函数进行比较。本章采用家电市场中设计质保外包策略的例子,对上述模型进行分析。不同于上节的参数设定,本节增加了对质保市场的讨论,新增参数如下:考虑到小家电企业售后服务和价格均为关键参考因素,因此设定市场对价格的敏感系数 $d = 0.1$。另外,考虑产品失效率随着时间的推移也会猛烈增高,质保时长是决定维修费用的关键因素,设定单位维修成本 $k = 12$。不同于上节,本节失效率会随着服务商服务质量的波动而变化,所以本节假定 $\mu_F = 0.35$,$\mu = 0.3$。

图 5-8 ~ 图 5-13 分别给出了最优零售价格、检查率与过度(劣质)服务率、质保时长、需求函数、制造商利润函数、代理商效用函数随质保时长敏感系数 g 的变化趋势。

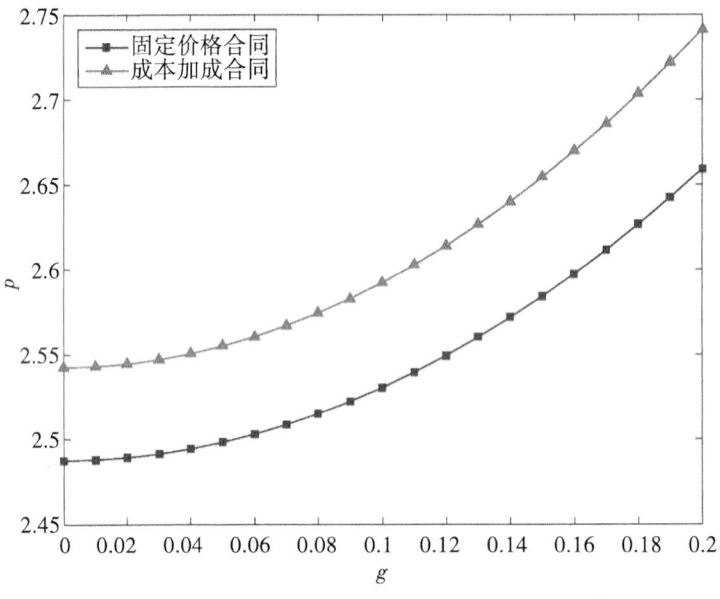

图 5-8　考虑质保时长的零售价格变化趋势

观察 5.1　相较于固定价格合同,制造商在成本加成合同下会设定一个较高的零售价格。

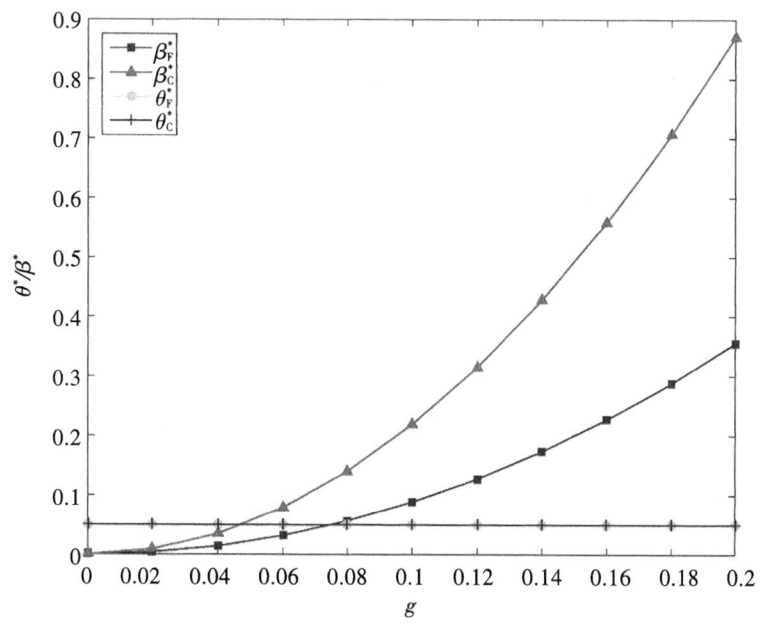

图5-9 考虑质保时长的检查率和欺诈率变化趋势

观察5.2

(a)相较于固定价格合同,制造商在成本加成合同下会设定一个较高的检查率。

(b)两个合同下服务代理商的欺诈率是相同的。

与未考虑质保时长的情况相同,虽然过度服务会给供应链带来更多的销量,但是制造商因此也会支付大额的售后费用,所以为了减少售后成本,制造商加大了检查力度。通过图5-9还能观察到,制造商在两个合同下的检查率都随着市场对质保时长的敏感系数的增加而增加。但是检查率在成本加成合同下的增速明显高于固定价格合同,因此随着参数g的增加,两个合同下的检查率的差距会越来越大。

图 5-10　质保时长变化趋势

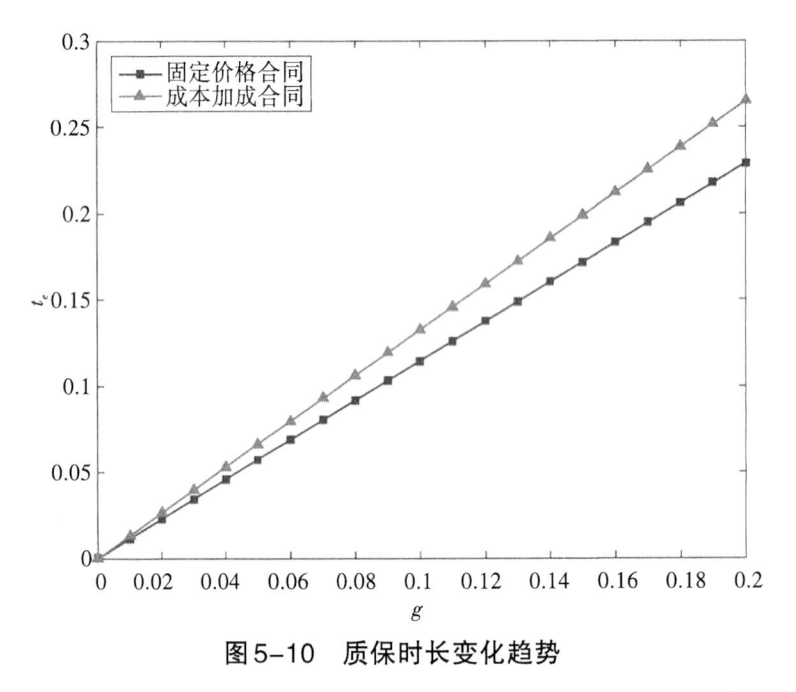

观察 5.3　相较于固定价格合同,制造商在成本加成合同下会设定一个更长的质保时长。

通过图 5-8 和图 5-10 可以发现,虽然消费者在成本加成合同下享受到了更优质的售后服务和更长的质保时长,但是同时也要忍受更高额的零售价格。售后成本的增加导致制造商需要提升零售价格以维持利润。另外,通过图 5-10 可以观察到,两个合同下的质保时长都随着市场对质保时长的敏感程度的增加而增加。消费者较看重质保时长时,提升质保时长能更加有效地提升销量,因此无论是在成本加成还是在固定价格合同下,制造商都会提高对质保时长的投入。

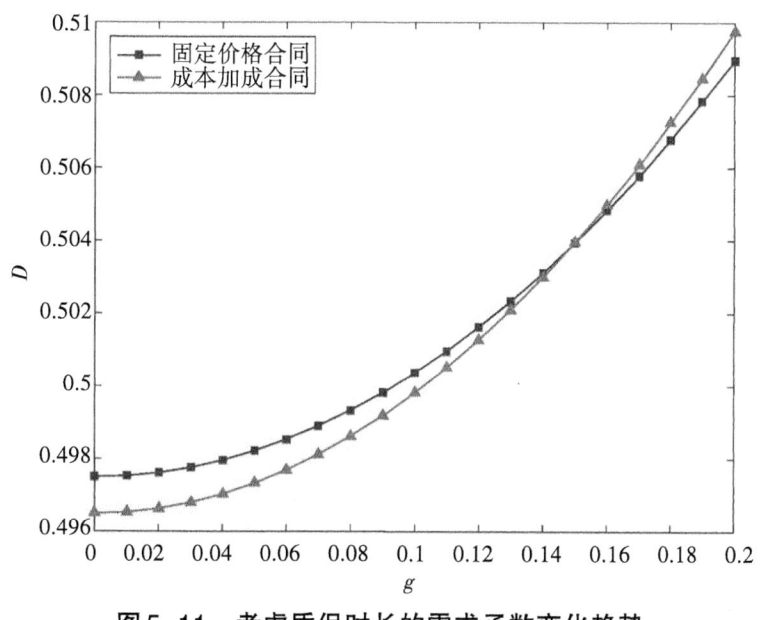

图5-11　考虑质保时长的需求函数变化趋势

观察5.4　当市场对质保时长的敏感系数相对较大时,相较于固定价格合同,成本加成合同下的需求函数更高。

当消费者对质保时长不太敏感时,较高的零售价格会降低消费者的消费欲望。但是当市场对质保时长比较敏感时,成本加成合同下更长的质保市场会弥补高额零售价格带来的销量损失。因为此时,成本加成合同会给供应链带来更高的销量。

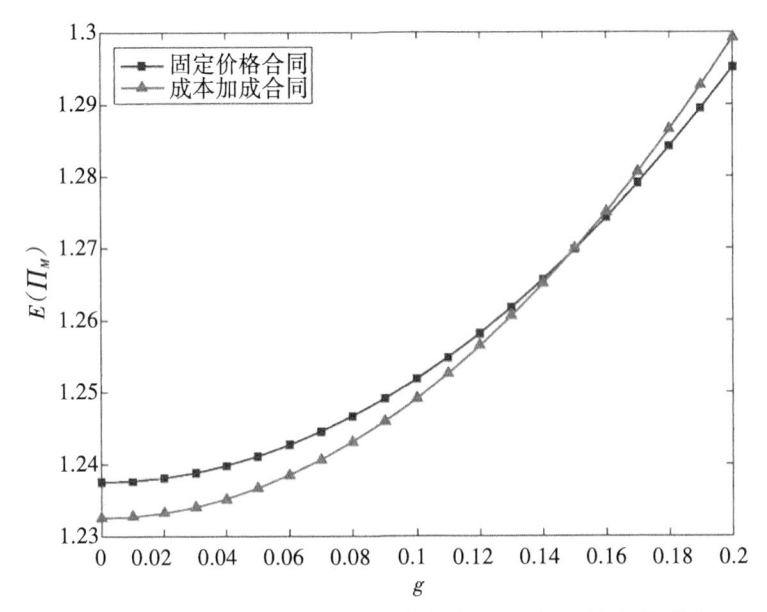

图 5-12 考虑质保时长的制造商期望利润函数变化趋势

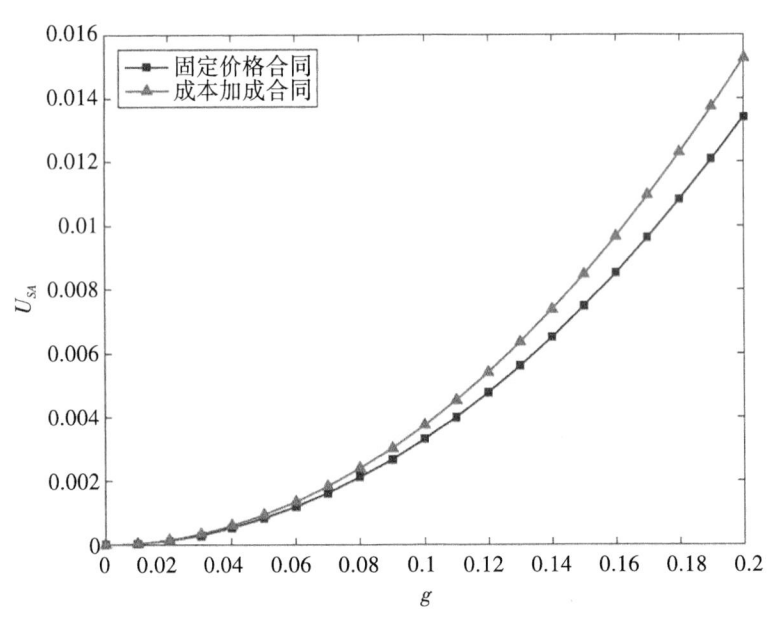

图 5-13 考虑质保时长的服务代理商期望效用函数变化趋势

观察 5.5

(a)当市场对质保时长的敏感系数相对较高时,相较于固定价格合同,制造商在成本加成合同下的期望利润更高;当市场对质保时长的敏感系数相对较低时,制造商在固定价格合同下的期望利润更高。

(b)无论市场对质保时长的敏感系数如何变化,相较于固定价格合同,服务代理商在成本加成合同下的期望利润更高。

当市场对质保时长较为敏感时,成本加成合同会给供应链带来更多的消费者,因此制造商可以增加零售价格,提升利润。另外,在此合同下,过度维修虽然会导致总体售后成本增加,但同时也会降低产品的失效率,缓和单件产品的维修费用,因此当参数 g 较大时,制造商会倾向于选择成本加成合同。对于服务代理商而言,成本加成合同虽然会降低失效率,但是也会提升销量,进而间接地增加失效产品数量。并且,考虑到失效率的不确定性,服务代理商在成本加成合同下的风险更低,因此相较于固定价格合同,服务代理商总是倾向于选择成本加成合同。

5.6 本章小结

本章研究了制造商的质保服务外包合同选择问题,考虑了一个由风险中性的制造商和风险厌恶的服务代理商构成的供应链模型,制造商直接向市场销售耐用品,并将质保服务外包给服务代理商;分析比较了两种常见的外包合同:固定价格合同和成本加成合同。由于服务代理商在不同合约下会采取过度服务和劣质服务两种欺诈行为,对制造商的利润产生影响,制造商需要投入额外成本,通过抽查的方式对服务商的质保索赔流程进行检查。双方通过优化零售价格、检查率和劣质(过度)服务率来实现各自利润的最大化,通过对比合约下成员的最优策略与收益,本章分析了不同策略的优势和不足。

本章得出了几点管理学启示:当市场对质保服务较为敏感时,通过签订成本加成合同,制造商可以获得更大利润。对于服务代理商而言,只要风险偏好不趋于中性,成本加成合同也会成为其最优选择。另外,消费者虽然可以在固定价格合同下享受到更低廉的零售价格,但是同时也需要承受劣质的售后服务。因此价格敏感型消费者会更青睐于固定价格合同,而服务敏感型消费者则会更偏向于成本加成合同。实际上,两种合约的选择在本质上代表了不同的企业战略,前者更适用于成本导向企业,而后者则更有利于服务导向企业。最后,本章加入了对质保时长的探讨,并考虑服务质量对产品失效率的影响。研究发现当消费者对质保市场较为敏感时,成本加成合同会优于固定价格合同,为制造商带来更多利润。

第6章

总结与展望

6.1 主要研究结论

目前我国人口红利逐步消退,面对东南亚多国巨大的劳动力供给潜能和低廉的工资水平,制造业转型迫在眉睫。以往单纯的价格竞争已经不再适应新的经济环境,提升产品与服务的全面竞争力才能实现"中国制造"的强国之梦。通过企业调研与数据分析发现,我国的产品责任体系尚不健全,还存在着制定质保策略时考虑因素不全面、服务质量水平有待提高、服务外包管理较为欠缺、服务渠道设计缺乏科学性等诸多问题。针对上述问题,本书以供应链为背景,从制造商的角度分析单渠道与双渠道下的质保服务商选择问题,以及制造商与代理商之间的质保服务外包合约选择问题,并得到如下结论。

6.1.1 关于单渠道供应链环境下制造商的异质产品质保策略选择问题

本书第3章构建了一个由制造商和零售商组成的二层供应链模型。在该模型中,制造商通过零售商销售高、低两种质量不同的耐用品,并为消费者提供免费的质保服务。由于产品的质量存在差异,因此售后维修成本也会有所不同。制造商可以选择自己为两种产品提供质保服务,或将其中一种或两种产品的质保服务外包给零售商。通过比较分析上述4种质保策略下的供应链成员最优利润和价格、服务等均衡决策,探讨制造商应该采取何种质保策略能为自身和供应链带来更多收益。结果表明:对比其他3种策略,当制造商为竞品提供质保服务,而将本产品的质保服务外包给零售商时,无论是高、低质量产品的消费者都能享受到最优质的售后服务。另外,产品的售后成本也会影响到企业的定价策略,当单位成本较高时,制造商通过将质保服务外包给零售商,可以降低双重边际效用,从而促使零售商在此策略下为消费者提供最低零售价格。最后,对于制造商或零售商而言,将两个产品的服务均外包给零售商会同时为双方带来最大收益,但是此时消费者的满意度可能无法达到最优,因此企业可以选择其他策略以迎合消费者。

6.1.2 关于双渠道供应链下的制造商的质保服务代理商选择问题

由于目前电子商务的迅猛发展,很多企业都会选择在拥有线下零售渠道的同时,建立线上销售渠道,通过双渠道进行产品销售。因此本书第4章以双渠道为背景,构建制造商通过零售商和直销渠道同时销售耐用品的供应链模型。在第3章证明了质保服务外包会为供应链成员带来更多利润的前提下,第4章将问题延伸到外包后的服务代理商选择问题,引入除零售商外的独立第三方作为制造商服务外包的新选择。制造商可以选择将双渠道的质保服务均外包给零售商(零售商服务策略)或第三方(第三方服务策略),考虑到零售商对于来自线上直销渠道的消费者存在歧视可能性,本书提出了第三种策略,即制造商将零售渠道与直销渠道的质保服务分别外包给零售商与第三方(零售商-第三方服务策略)。通过分析比较3种外包模型下的最优定价、服务、利润函数,本章得到如下结论:当市场规模相对较大时,将双渠道的质保服务均外包给零售商可以为制造商和零售商同时带来最高利润,但是此时因为没有进入市场,所以第三方没有收益。而对于第三方而言,相较于拥有两个渠道服务权的第三方服务策略,零售商-第三方服务策略在产品的基础市场规模较小时也能成为第三方的最优选择。但是当消费者过于偏爱传统零售商渠道时,第三方在两种策略下都无法获得有效收益,从而被迫退出市场。

6.1.3　关于制造商对质保服务外包合同的选择问题

考虑到实际经营中,很多公司都受到质保理赔欺诈的困扰,因此本书第五章在前两章讨论了质保服务商选择问题的前提下,深入探讨制造商与服务代理商之间的博弈过程。本章构建了一个由风险中性制造商和风险厌恶服务代理商组成的供应链,制造商直接将产品销售给消费者,并将产品的质保服务外包给服务代理商。考虑到价格是促成双方合作的关键因素,因此本书提出了两种常见的外包支付合同:固定价格合同和成本加成合同。由于支付手段的不同,服务商会采取过度服务和劣质服务两种欺诈手段为自己谋求利益,而这会导致制造商的售后成本波动以及产品销量的变化。因此制造商需要通过抽查等方式对理赔流程进行检查。本书通过比较两种合约下的制造商与代理商的利润函数以及过度(劣质)服务率、检查率、价格等均衡策略,得到如下结论:制造商对两种合约的选择与市场的敏感程度有关,当消费者比较看重质保服务时,成本加成合同会为其带来更多收益,而当质保服务不是消费者购物时重点考虑的因素时,固定价格合同会是更好的选择。本质上来说,两种合约的选择反映了不同的企业战略,对于需要依靠服务树立品牌形象的企业而言,成本加成合同会为其带来更好的商业口碑,但同时也会造成巨额成本。而对于以成本为导向的企业,固定价格合同可以为其节约售后成本,压低零售价格,从而吸引更多消费者。

6.2 未来的研究与展望

本书以供应链为背景,分别从单、双渠道供应链下的质保服务商选择问题和制造商与服务代理商之间的合约选择问题两方面展开研究,为企业制定质保服务策略提供了理论支持,但是仍存在一定局限性,未来可以从以下4个方面展开研究。

6.2.1 与实际数据相结合

关于供应链背景下的质保服务研究应该在理论研究的基础上,通过实际数据对模型分析的结果进行检验和支持。但是实际上企业的生产成本、售后成本、市场占有率以及与下游企业的交易成本等数据有很强的保密性,较难获得。

在后续研究中,可以结合实证研究,设计并发放问卷等方式,收集上述所需资料。考虑到部分内容的保密性,需要付出时间和耐心对回收的内容进行仔细筛选,最后通过统计软件对结果进行分析,从而进一步完善研究内容。

6.2.2 考虑信息不对称情况

在供应链中,上下游企业有一定的信息壁垒,很多数据并非透明。例如处于供应链下游的零售商,可以更好地预测产品销量情况,此时和制造商共享信息并非是最优选择,通过谎报信息可能会帮助零售商在前期谈判中占有优势。

在未来的研究中,可以结合上下游可能存在的信息不对称情况,进一步考虑面临道德风险时,制造商如何制定质保服务、价格等策略能够为其带来更准确的信息与更多的收益。

6.2.3 考虑供应链成员之间的横向竞争情况

本书的研究只考虑了制造商和零售商之间存在的纵向竞争关系,没有继续讨论制造商之间和零售商之间可能存在的横向竞争关系。而现实中,横向竞争也十分普遍,很多制造企业都有相应的对标品牌,他们之间通过产品质量、批发价格、质保服务水平等多方面进行竞争。而零售商之间也存在零售价格的横向竞争,甚至有的零售商会主动为消费者提供增值服务以达到抢占市场的目的。

在后续研究中,可以将横向竞争关系纳入研究内容,分析面对竞争对手时制造商或零售商的生产定价、质保等策略,并且可以通过合约设计,缓解两者之间的竞争压力,减少由此带来的供应链利益损失。

6.2.4　考虑延保服务外包问题

很多消费者希望在保修期外也能享受到原有的质保服务,因此延保拥有很大的市场。由于服务代理商没有制造商的品牌号召力,缺乏直接运营延保服务的动力,因此与制造商合作是很好的销售模式。

在未来的研究中,可以考虑在基础质保结束后,制造商依然与服务代理商合作,销售延保服务。由于延保服务与基础质保不同,可以直接为供应链成员带来收益,服务决策会更加复杂。因此,制造商的延保服务外包策略会是一个很有意思的研究方向。

参考文献

[1]Wei J, Zhao J, Li Y. Price and warranty period decisions for complementary products with horizontal firms' cooperation / noncooperation strategies[J]. Journalof Cleaner Production, 2015, 105(oct.15):86-102.

[2]Perry M, Perry A. Service contract compared to warranty as a means to reduce consumer's risk[J]. Journal of Retailing, 1976, 52(2):33-40.

[3]Shimp T A, Bearden W O. The use of extrinsic cues to facilitate product adoption[J]. Journal of Marketing Research, 1982, 19(2):229-239.

[4]Shimp T A, Bearden W O. Warranty and other extrinsic cue effects on consumers' risk perceptions[J]. Journal of Consumer Research, 1982(1):38-46.

[5]Li X, Li Y, Cai X, et al. Service channel choice for supply chain: Who is better off by undertaking the service?[J]. Production and Operations Management, 2016, 25(3):516-534.

[6]AGMA(Alliance for Gray Market and Counterfeit Abatement) and CompTIA (The Computing Technology Industry Association), IT industry warranty and service abuse: stealing profitability! Core Issues, New Solutions and Emerging Threats[R], 2013. http://www.agmaglobal.org/cms/uploads/whitePapers/CompTIA_WhitePaper-WarrantyAbuse-8%2027%2013.pdf.

[7]AGMA(Alliance for Gray Market and Counterfeit Abatement) and PWC(Price Waterhouse Coopers). 2009. Service blues: Effectively managing the multibillion dollar threat from product warranty and support abuse[R], 2009.

[8]Kurata H, Nam S H. After-sales service competition in a supply chain: Optimization of customer satisfaction level or profit or both?[J]. International Journal of Production Economics, 2010, 127(1):136 – 146.

[9]Kurata H, Nam S H. After-sales service competition in a supply chain: Does uncertainty affect the conflict between profit maximization and customer satisfaction? [J]. International Journal of Production Economics, 2013, 144(1):268 –280.

[10]Li K, Wang L, Chhajed D, et al. The impact of quality perception and consumer valuation change on manufacturer's optimal warranty, pricing, and market cov-

erage strategies[J]. Decision Sciences,2019,50:311-339.

[11]陈远高,郭燕翔.双渠道供应链中售后服务横向合作策略[J].武汉理工大学学报(信息与管理工程版),2013(3):427-430.

[12]Bian J S,Lai K K,Hua Z S. Service outsourcing under different supply chain power structures[J]. Annals of Operations Research,2017,248(1-2):123-142.

[13] Ding L,Glazebrook K D. A static allocation model for the outsourcing of warranty repairs[J]. Journal of the Operational Research Society,2005,56(7):825-835.

[14]Opp M,Glazebrook K,Kulkarni V G. Outsourcing warranty repairs:Dynamic allocation[J]. Naval Research Logistics,2005,52(5):381-398.

[15]Chen F,Kulkarni V G. Dynamic routing of prioritized warranty repairs[J]. Naval Research Logistics,2008,55(1):16-26.

[16]Ding L,Glazebrook K D,Kirkbride C. Allocation models and heuristics for the outsourcing of repairs for a dynamic warranty population[J]. Management Science,2008,54(3):594-607.

[17]Li G,Huang F F,Cheng T C E,et al. Make-or-buy service capacity decision in a supply chain providing after-sales service[J]. European Journal of Operational Research,2014,239(2):377-388.

[18]Heck W R. Accounting for warranty costs[J]. The Accounting Review,1963,38(3):577-578.

[19]Singpurwalla N D,Wilson S. The warranty problem:Its statistical and game-theoretic aspects[J]. SIAM Review,1993,35(1):17-42.

[20]Majeske K D. A non-homogeneous Poisson process predictive model for automobile warranty claims[J]. Reliability Engineering & System Safety,2007,92(2):243-251.

[21]Gonzalez-Prida V,Barbera L,Marquez A C,et al. Modelling the repair warranty of an industrial asset using a non-homogeneous Poisson process and a general renewal process[J]. IMA Journal of Management Mathematics,2015(2):171-183.

[22]Zhang N,Fouladirad M,Barros A. Evaluation of the warranty cost of a product with type III stochastic dependence between components[J]. Applied Mathematical Modelling,2018,59:39-53.

[23]Suzuki, Kazuyuki. Nonparametric estimation of lifetime distributions from a record of failures and follow-ups[J]. Journal of the American Statistical Association, 1985, 80(389):68-72.

[24]Fries A, Sen A. A survey of discrete reliability-growth models[J]. IEEE Transactions on Reliability, 1996, 45(4):582-604.

[25]Oh Y S, Bai D S. Field data analyses with additional after-warranty failure data[J].Reliability Engineering & System Safety, 2001, 72(1):1-8.

[26]Wu S, Clements-Croome D. Burn-in policies for products having dormant states[J]. Reliability Engineering & System Safety, 2007, 92(3):278-285.

[27]Akbarov A, Wu S. Warranty claims data analysis considering sales delay[J]. Quality and Reliability Engineering International, 2013, 29(1):113-123.

[28]Udell J G, Anderson E E. The product warranty as an element of competitive strategy[J]. Journal of Marketing, 1968, 32(No.4Part1):1-8.

[29]Cooper R, Ross T W. Product warranties and double moral hazard[J]. The RAND Journal of Economics, 1985, 16(1):103-113.

[30]Dybvig P H, Lutz D N A. Warranties, durability, and maintenance: Two-sided moral hazard in a continuous-time model[J]. Review of Economic Studies, 1993, 60(3):575-597.

[31]严帅,李四杰,卞亦文.基于质保服务的供应链契约协调机制[J].系统工程学报,2013,28(5):677-685.

[32]Modak N M, Panda S, Sana S S. Managing a two-echelon supply chain with price, warranty and quality dependent demand[J]. Cogent Business & Management, 2015, 2(1):1.

[33]Pal B, Sana S S, Chaudhuri K. Two-echelon manufacturer-retailer supply chain strategies with price, quality, and promotional effort sensitive demand[J]. International Transactions in Operational Research, 2015, 22(6):1071-1095.

[34]Giri B C, Mondal C, Maiti T. Analysing a closed-loop supply chain with selling price, warranty period and green sensitive consumer demand under revenue sharing contract[J]. Journal of Cleaner Production, 2018, 190:822-837.

[35]Yazdian S A, Shahanaghi K, Makui A. Joint optimisation of price, warranty

and recovery planning in remanufacturing of used products under linear and non-linear demand, return and cost functions[J]. International Journal of Systems Science, 2014,47(5):1155-1175.

[36]Cai K, He S, He Z. Information sharing under different warranty policies with cost sharing in supply chains[J]. International Transactions in Operational Research, 2020,27(3):1550-1572.

[37]Jiang B, Zhang X. How does a retailer's service plan affect a manufacturer's warranty?[J]. Management Science,2011,57(4):727-140.

[38]Esmaeili M, Shamsi N, Gamchi, Asgharizadeh E. Three-level warranty service contract among manufacturer, agent and customer: A game-theoretical approach [J]. European Journal of Operational Research,2014,239(1):177-186.

[39]Bian Y, Xie J, Archibald T W, et al. Optimal extended warranty strategy: Offering trade-in service or not?[J]. European Journal of Operational Research, 2019, 278(1):240-254.

[40]Guajardo J A, Cohen M A, Netessine S. Service competition and product quality in the US automobile industry[J]. Management Science,2015,62(7):1860-1877.

[41]Cao K, He P. Price and warranty competition in a supply chain with a common retailer[J]. INFOR: Information Systems and Operational Research, 2018, 56(2): 225-246.

[42]Wu C H. Price and service competition between new and remanufactured products in a two-echelon supply chain[J]. International Journal of Production Economics,2012,140(1):496-507.

[43]Lou Y, He Z, Li Y, et al. Should short warranty always be interpreted as low quality: The effect of brand advantages on warranty's signalization[J]. International Journal of Production Research,2018:1-12.

[44]Taleizadeh A A, Hadadpour S, Cárdenas-Barrón L E, et al. Warranty and price optimization in a competitive duopoly supply chain with parallel importation[J]. International Journal of Production Economics,2017,185:76-88.

[45]Liao B F, Li B Y, Cheng J S. A warranty model for remanufactured products [J].Journal of Industrial and Production Engineering,2015,32(8):551-558.

[46]Liao B. Warranty as a competitive dimension for remanufactured products under stochastic demand[J]. Journal of Cleaner Production,2018,198:511-519.

[47]Chen X,Li L,Zhou M. Manufacturer's pricing strategy for supply chain with warranty period-dependent demand[J]. Omega,2012,40(6):807-816.

[48]Cai K,He Z,Lou Y,et al. Risk-aversion information in a supply chain with price and warranty competition[J]. Annals of Operations Research, 2020, 287(1): 61-107.

[49]Sarmah S P,Santanu S,Lalit K. Price and warranty competition in a duopoly distribution channel: Dynamic stability analysis for boundedly rational agents[J]. IMA Journal of Management Mathematics,2015,26(3):299-324.

[50]Bian Y,Yan S,Zhang W,et al. Warranty strategy in a supply chain when two retailer's extended warranties bundled with the products[J]. Journal of Systems Science and Systems Engineering,2015,24(3):364-389.

[51]毛照昉,刘鹭,李辉.考虑售后服务合作的双渠道营销定价决策研究[J].管理科学学报,2019,22(5):47-56.

[52]Dan B,Zhang S,Zhou M. Strategies for warranty service in a dual-channel supply chain with value-added service competition[J]. International Journal of Production Research,2018,56(17):5677-5699.

[53]Tsao Y C,Su P Y. A dual-channel supply chain model under price and warranty competition[J]. International Journal of Innovative Computing Information and Control,2012,8(3B):2125-2135.

[54]Bowersox D. The strategic benefits of logistics alliances[J]. Harvard Business Review,1990,68:36-45.

[55]Tate K. The elements of a successful logistics partnership[J]. International Journal of Physical Distribution and Logistics Management,1996,26(3):7-13.

[56]Marasco A. Third-party logistics: A literature review[J]. International Journal of Production Economics,2008,113(1):127-147.

[57]Gadde L,Kajsa H.Improving logistics outsourcing through increasing buyer-provider interaction[J]. Industrial Marketing Management,2009,38(6):633-640.

[58]Zhu W W,Ng S C H,Wang Z Q,et al. The role of outsourcing management

process in improving the effectiveness of logistics outsourcing[J]. International Journal of Production Economics, 2017, 188: 29-40.

[59]Tyanetal J C, Wang F K, Du T C. An evaluation of freight consolidation policies in global third party logistics[J]. Omega, 2003, 31(1): 55-62.

[60]Gopal A, Espinosa J A, Gosain S, et al. Coordination and performance in global software service delivery: The vendor's perspective[J]. IEEE Transactions on Engineering Management, 2011, 58(4): 772-785.

[61]Samantra C, Datta S, Mahapatra S S. Risk assessment in IT outsourcing using fuzzy decision-making approach: An Indian perspective[J]. Expert Systems with Applications, 2014, 41(8): 4010-4022.

[62]Cong G D, Chen T G. A novel dynamic algorithm for IT outsourcing risk assessment based on transaction cost theory[J]. Discrete Dynamics in Nature and Society, 2015(1): 1-10.

[63]Gopalakrishnan S, Zhang H. Client dependence: A boon or bane for vendor innovation? A competitive mediation framework in IT outsourcing[J]. Journal of Business Research, 2017, 103: 407-416.

[64]Gans N, Zhou Y P. Call-routing schemes for call-center outsourcing[J]. Manufacturing & Service Operations Management, 2007, 9(1): 33-50.

[65]Ren Z J, Zhou Y P. Call center outsourcing: Coordinating staffing level and service quality[J]. Management Science, 2008, 54(2): 369-383.

[66]Hasija S, Edieal J P, Robert A S. Call center outsourcing contracts under information asymmetry[J]. Management Science, 2008, 54(4): 793-807.

[67]Akan M, Ata B, Lariviere M A. Asymmetric information and economies of scale in service contracting[J]. Manufacturing & Service Operations Management, 2011, 13(1): 58-72.

[68]Murthy D P. New research in reliability, warranty and maintenance[C]. 4th Asia-Pacific International Symposium on Advanced Reliability and Maintenance Modeling(APARM 2010), 2010.

[69]Kurvinen M, Ilkka T, Murthy D P. Warranty fraud management: Reducing fraud and other excess costs in warranty and service operations[M] Hoboken: Wily,

2016.

[70]Iyer G, Villas-Boas J M. A bargaining theory of distribution channels[J]. Journal of Marketing Research, 2003, 40(1): 80-100.

[71]Pan K, Lai K K, Leung S C, et al. Revenue-sharing versus wholesale price mechanisms under different channel power structures[J]. European Journal of Operational Research, 2010, 203(2): 532-538.

[72]SeyedEsfahani M M, Biazaran M, Gharakhani M. A game theoretic approach to coordinate pricing and vertical co-op advertising in manufacturer-retailer supply chains[J]. European Journal of Operational Research, 2011, 211(2): 263-273.

[73]Swami S, Shah J. Channel coordination in green supply chain management[J]. Journal of the Operational Research Society, 2013, 64(3): 336-351.

[74]Ghosh D, Shah J. Supply chain analysis under green sensitive consumer demand and cost sharing contract[J]. International Journal of Production Economics, 2015, 164: 319-329.

[75]Sacco A, De Giovanni P. Channel coordination with a manufacturer controlling the price and the effect of competition[J]. Journal of Business Research, 2019, 96: 97-114.

[76]Cournot A. Recherches sur les principes mathématiques de la théorie desrichesses[M]. Roma: Bizzarr, 1968.

[77]Bertrnad J. Review of theorie mathematique de la richesse sociale and of recherches sur les principles mathematiques de la theorie des richesses[J]. Journal des Savants, 1883, 67: 499-508.

[78]Hotelling H. Stability in competition[J]. Economic Journal, 1929, 39: 41-57.

[79]Choi S C. Price competition in a channel structure with a common retailer[J]. Marketing Science, 1991, 10(4): 271-296.

[80]Wang. Joint pricing-production decisions in supply chains of complementary products with uncertain demand[J]. Operations Research, 2006, 54(6): 1110-1127.

[81]Cachon G, Kök A. Competing manufacturers in a retail supply chain: On contractual form and coordination[J]. Management Science, 2010, 56(3): 571-589.

[82]Lee C Y, Yang R. Supply chain contracting with competing suppliers under

asymmetric information[J]. IIE Transactions,2013,45(1):25-52.

[83]Lu J C,Tsao Y C,Charoensiriwath C. Competition under manufacturer service and retail price[J]. Economic Modelling,2011,28(3):1256-1264.

[84]Fang C C. Optimal price and warranty decision for durable products in a competitive duopoly market[J]. Reliability Engineering & System Safety,2020,203.

[85]张琪,高杰.竞争市场上保修期与价格的联合质量信号传递作用[J].中国管理科学,2018,26(7):71-83.

[86]Ferrer G,Swaminathan J. Managing new and remanufactured products[J]. Management Science,2006,52(1):15-26.

[87]Ferrer G,Swaminathan J. Managing new and differentiated remanufactured products[J]. European Journal of Operational Research,2010,203(2):370-379.

[88]C. G B,Chakravorty A,Maiti T. Quality and pricing decisions in a two-echelon supply chain under multi-manufacturer competition[J]. International Journal of Advanced Manufacturing Technology,2015,78(9-12):1927-1941.

[89]Villas-Boas,Miguel J. Product line design for a distribution channel[J]. Marketing Science,1998,17(2):156-156.

[90]Kolay. Manufacturer-provided services vs. Retailer-provided services: Effect on product quality, channel profits and consumer welfare[J]. International Journal of Research in Marketing,2015,32(2):124-154.

[91]Hua Z,Zhang X,Xu X. Product design strategies in a manufacturer-retailer distribution channel[J]. Omega,2011,39(1):23-32.

[92]Wong H,Lesmono D,Chhajed D,et al. On the evaluation of commonality strategy in product line design: The effect of valuation change and distribution channel structure[J]. Omega,2019,83(3):14-25.

[93]Xiao X. Pricing and product line strategy in a supply chain with risk-averse players[J]. International Journal of Production Economics,2014,156:305-315.

[94]马建华,艾兴政,唐小我.基于延保服务的竞争供应链纵向渠道结构选择[J].系统工程学报,2015,30(4):539-553,574.

[95]马建华,艾兴政,赵海霞,等.基于零售商延保服务的竞争供应链销售回扣合同[J].系统工程学报,2018,33(4):520-535.

[96]Ha A, Tong S. Contracting and information sharing under supply chain competition[J]. Management Science, 2008, 54(4): 701-715.

[97]Tsay, Andy A, Agrawal, et al. Channel dynamics under price and service competition[J]. Manufacturing & Service Operations Management, 2000, 2(4): 372-391.

[98]Xiao T, Qi X, Yu G. Coordination of supply chain after demand disruptions when retailers compete[J]. International Journal of Production Economics, 2007, 109(1-2): 162-179.

[99]Yao Z, Stephen C L, Lai K. Manufacturer's revenue-sharing contract and retail competition[J]. European Journal of Operational Research, 2008, 186(2): 637-651.

[100]Karray S, Amin S. Cooperative advertising in a supply chain with retail competition[J]. International Journal of Production Research, 2015, 53(1): 88-105.

[101]Modak N M, Panda S, Sana S S. Pricing policy and coordination for a two-layer supply chain of duopolistic retailers and socially responsible manufacturer[J]. International Journal of Logistics-Research and Applications, 2016, 19(6): 487-508.

[102]Chen K, Xiao T. Pricing and replenishment policies in a supply chain with competing retailers under different retail behaviors[J]. Computers & Industrial Engineering, 2017, 103: 145-157.

[103]Xu G, Dan B, Zhang X, et al. Coordinating a dual-channel supply chain with risk-averse under a two-way revenue sharing contract[J]. International Journal of Production Economics, 2014, 147(PART A): 171-179.

[104]孔庆山, 邢伟, 石晓梅. 具有服务策略的双渠道供应链定价问题研究[J]. 商业研究, 2012, 2: 114-118.

[105]Wang L, Song H, Wang Y. Pricing and service decisions of complementary products in a dual-channel supply chain[J]. Computers & Industrial Engineering, 2017, 105: 223-233.

[106]Xiao T J, Qi X T. Price competition, cost and demand disruptions and coordination of a supply chain with one manufacturer and two competing retailers[J]. Omega, 2008, 36(5): 741-753.

[107]郑晨, 艾兴政, 李晓静, 等. 竞争零售商的供应链延保服务两部定价合同

选择[J]. 系统工程学报,2018,33(05):674-686.

[108]Lou Y Q, He Z, Feng L P, et al. Original design manufacturer's warranty strategy when considering retailers' brand power under different power structures[J]. International Transactions in Operational Research,2020,29(2):1308-1325.

[109]Hosseini-Motlagh S M, Nematollahi M, Nouri M. Coordination of green quality and green warranty decisions in a two-echelon competitive supply chain with substitutable products[J]. Journal of Cleaner Production,2018,196:961-984.

[110]Tsay A A, Agrawal N. Channel conflict and coordination in the E-commerce age[J]. Production and Operations Management,2004,13(1):93-110.

[111]Cai G G, Zhang Z G, Zhang M. Game theoretical perspectives on dual-channel supply chain competition with price discounts and pricing schemes[J]. International Journal of Production Economics,2009,117:80-96.

[112]Yao D, Liu J. Competitive pricing of mixed retail and E-tail distribution channels[J]. Omega,2005,33(3):235-247.

[113]Ding Q, Dong C, Pan Z. A hierarchical pricing decision process on a dual-channel problem with one manufacturer and one retailer[J]. International Journal of Production Economics,2016:197-212.

[114]Dumrongsiri A, Fan M, Jain A, et al. A supply chain model with direct and retail channels[J]. European Journal of Operational Research,2008,187(3):691-718.

[115]Chiang W K, Chhajaed D, Hess J. Direct marketing, indirect profits: A strategic analysis of dual-channel supply-chain design[J]. Management Science,2003,49(1):1-20.

[116]Boyaci T. Competitive stocking and coordination in a multiple-channel distribution system[J]. IIE Transactions,2005,37(5):407-427.

[117]Cai G G. Channel selection and coordination in dual-channel supply chains [J].Journal of Retailing,2010,86(1):22-36.

[118]闻卉,郑本荣,曹晓刚,等.不同渠道权力结构下的双渠道闭环供应链定价与协调决策[J].运筹与管理,2020,29(6):65-74.

[119]徐兵,吴明.双营销渠道闭环供应链决策模型与协调[J]. 西南交通大学学报,2012,47(6):1041-1048.

[120]彭静,林杰,林正.电子商务环境下耐用品制造商和零售商策略的博弈[J].工业工程,2014(6):89-94.

[121]张克勇.互惠偏好下的闭环供应链系统定价决策分析[J].控制与决策,2015(9):1717-1722.

[122]Serguei N, Nils R. Supply chain choice on the internet[J]. Management Science,2006,52(6):844-864.

[123]Khouja M, Park S, Cai G G. Channel selection and pricing in the presence of retail-captive consumers[J]. International Journal of Production Economics, 2010, 125(1):84-95.

[124]Xiong Y, Yan W, Fernandes K, et al. Bricks VS. clicks: The impact of manufacture encroachment with a dealer leasing and selling of durable goods[J]. European Joumal of Operational Research,2012,217(1):75-83.

[125]Chen J, Liang L, Yao D Q, et al. Price and quality decisions in dual-channel supply chains[J]. European Journal of Operational Research, 2017, 259(3): 935-948.

[126]Coughlan A T, Soberman D A. Strategic segmentation using outlet malls[J]. International Journal of Research in Marketing,2005,22(1):61-86.

[127]Arya A, Mittendorf B, Sappington D E M. The bright side of supplier encroachment[J]. Marketing Science,2007,26(5):651-659.

[128]Yan R, Pei Z. Retail services and firm profit in a dual-channel market[J]. Journal of Retailing & Consumer Services,2009,16(4):306-314.

[129]Dan B, Xu G, Liu C. Pricing policies in a dual-channel supply chain with retail services[J]. International Journal of Production Economics, 2012, 139(1): 312-320.

[130]Wang B, Wang J. Price and service competition between new and remanufactured products[J]. Mathematical Problems in Engineering,2015,2015(1):1-18.

[131]Iravani F, Dasu S, Ahmadi R. Beyond price mechanisms: How much can service help manage the competition from gray markets?[J]. European Journal of Operational Research,2016,252(3):789-800.

[132]许明辉,于刚,张汉勤.具备提供服务的供应链博弈分析[J].管理科学学

报,2006(2):22-31.

[133]Hong X, Wang L, Gong Y, et al. What is the role of value-added service in a remanufacturing closed-loop supply chain?[J]. International Journal of Production Research,2020,58(11):3342-3361.

[134]Taleizadeh A A, Sane-Zerang E, Choi T. The effect of marketing effort on dual-channel closed-loop supply chain systems[J]. IEEE Transactions on Systems, Man, and Cybernetics:Systems,2018,48(2):265-276.

[135]Dai Y, Zhou S X, Xu Y. Competitive and collaborative quality and warranty management in supply chains[J]. Production and Operations Management, 2012, 21(1):129-144.

[136]Li K P, Mallik S, Chhajed D. Design of extended warranties in supply chains under additive demand[J]. Production and Operations Management, 2012, 21(4):730-746.

[137]He Z, Huang D, He S. Design of extended warranty service in a dual supply channel[J]. Total Quality Management and Business Excellence, 2018, 29(9-10): 1089-1107.

[138]Savaskan R C, Bhattacharya S, Van W L N. Closed-loop supply chain models with product remanufacturing[J]. Management Science,2004,50(2):239-252.

[139]Taleizadeh A A, Karimi M M, Torabi S A. A possibilistic closed-loop supply chain:Pricing, advertising and remanufacturing optimization[J]. Neural Computing & Applications,2020,32(4):1195-1215.

[140]公彦德,吴庆春.不同物流和回收状态下的供应链决策分析[J].控制与决策,2010,25(3):411-415.

[141]Savaskan R C, Wassenhove L N V. Reverse channel design:The case of competing retailers[J]. Management Science,2006,52(1):1-14.

[142]黄永,达庆利.基于制造商竞争和产品差异的闭环供应链结构选择[J].东南大学学报(自然科学版),2012(3):576-582.

[143]Wang N M, He Q D, Jiang B. Hybrid closed-loop supply chains with competition in recycling and product markets[J]. International Journal of Production Economics,2018,217:246-258.

[144]Han X H, Wu H, Yang Q X, et al. Reverse channel selection under remanufacturing risks: Balancing profitability and robustness[J]. International Journal of Production Economics, 2016, 182:63-72.

[145]Han X, Wu H, Yang Q, et al. Collection channel and production decisions in a closed-loop supply chain with remanufacturing cost disruption[J]. International Journal of Production Research, 2017, 55(4):1147-1167.

[146]Wang J, Zhang T, Fan X. Reverse channel design with a dominant retailer and upstream competition in emerging markets: Retailer- or manufacturer- collection? [J]. Transportation Research Part E Logistics and Transportation Review, 2020, 137: 101924.

[147]Ingene C A, Parry M E. Mathematical models of distribution channels[M] Berlin: Springer, 2008.

[148]Häckner J. A note on price and quantity competition in differentiated oligopolies[J]. Journal of Economic Theory, 2000, 93:233-239.

[149]Symeonidis G. Comparing cournot and bertrand equilibria in a differentiated duopoly with product R&D[J]. International Journal of Industrial Organization, 2003, 21:39-55.

[150]Liu B, Cai G G, Tsay A A. Advertising in asymmetric competing supply chains[J]. Production and Operations Management, 2014, 23(11):1845-1858.

[151]Hsiao L, Chen Y J. The perils of selling online: Manufacturer competition, channel conflict, and consumer preferences[J]. Marketing Letters, 2013, 24:277-292.

[152]Banker R D, Khosla I, Sinha K K. Quality and competition[J]. Management Science, 1998, 44:1179-1192.

[153]Balasubramanian S, Bhardwaj P. When not all conflict is bad: Manufacturing-marketing conflict and strategic incentive design[J]. Management Science, 2004, 50:489-50.

[154]Chen J, Liang L, Yang F. Cooperative quality investment in outsourcing[J]. International Journal of Production Economics, 2015, 162:174-191.

[155]Xiao T, Yang D. Price and service competition of supply chains with risk-averse retailers under demand uncertainty[J]. International Journal of Production Eco-

nomics, 2008, 114(1):187-200.

[156]Feng Q, Lu L X. The strategic perils of low cost outsourcing[J]. Management Science, 2012, 58:1196-1210.

[157]Desiraju R, Moorthy S. Managing a distribution channel under asymmetric information with performance requirements[J]. Management Science, 1997, 43: 1628-1644.

[158]Li Q H, Li B. Dual-channel supply chain equilibrium problems regarding retail services and fairness concerns[J]. Applied Mathematical Modelling, 2016, 40 (15):7349 - 7367.

[159]Allon G, Federgruen A. Competition in service industries[J]. Operations Research, 55(1):37-55.

[160]Bernstein F, Federgruen A. A general equilibrium model for industries with price and service competition[J]. Operations Research, 2004, 52(6):868-886.

[161]Chiu C H, Choi T M, Li Y J, et al. Service competition and service war: A game-theoretic analysis[J]. Service Science, 2014, 6(1):63-76.

[162]Kong L C, Liu Z Y, Pan Y F, et al. Pricing and service decision of dual-channel operations in an O2O closed-loop supply chain[J]. Industrial Management & Data Systems, 2017, 117(8):1567-1588.

[163]Xiao T, Choi M C, Yang D, et al. Service commitment strategy and pricing decisions in retail supply chains with risk-averse players[J]. Service Science, 2012, 4 (3):236-252.

[164]Hu W, Li Y. Retail service for mixed retail and E-tail channels[J]. Annals of Operations Research, 2012, 192(1):151-171.

[165]Ding Y, Gao X, Huang C, et al. Service competition in an online duopoly market[J]. Omega, 2018, 77:58-72.

[166]Hua G, Wang S, Cheng T E. Price and lead time decisions in dual-channel supply chains[J]. European journal of operational research, 2010, 205(1):113-126.

[167]Farshbaf-Geranmayeh A, Rabbani M, Taleizadeh A A. Cooperative advertising to induce strategic customers for purchase at the full price[J]. International Transactions in Operational Research, 2019, 26(6):2248-2280.

[168]Chen J, Zhang H, Sun Y. Implementing coordination contracts in a manufacturer Stackelberg dual-channel supply chain[J]. Omega, 2012, 40(5):571-583.

[169]Murthy D N P, Jack N. Game theoretic modelling of service agent warranty fraud[J]. Journal of the Operational Research Society, 2017, 68(11):1399-1408.

[170]Murthy D N P, Blischke W R. Warranty management and product manufacture[M] London: Springer, 2006.

[171]Jackson W E, Nandakumar P, Roth A V. Market structure, consumer banking, and optimal level of service quality[J]. Review of Financial Economics, 2003, 12(1):49-63.

[172]Gupta S, Loulou R. Process innovation, product differentiation, and channel structure: Strategic incentives in a duopoly[M], 1998.

[173] Hsieh C C, Lu Y T. Manufacturer's return policy in a two-stage supply chain with two risk-averse retailers and random demand[J]. European Journal of Operational Research, 2010, 207(1):514-523.

[174]Deng X X, Xie J X, Xiong H C. Manufacturer-retailer contracting with asymmetric information on retailer's degree of loss aversion[J]. International Journal of Production Economics, 2013, 142(2):372-380.